U0010692

添翼

培力與轉變的社工路

吳文炎 著

愛無國界，更無時限

李家同

博幼基金會榮譽董事長

　　這本書不僅在時間上涵蓋了一個社會工作者二十年的經歷，在地理上甚至更從台灣拓展到大陸，對文炎來說，愛無國界，更無時限。每一個需要幫助人都是一樣的，在他們身上，受過專業訓練的社會工作者在每一個故事情節裡找到問題的脈絡，進而發掘背後更深層的社會問題。甚至是在電影中，文炎也鼓勵學生在細微的情節中訓練自己的「同理心」，這樣才能真正和弱勢者站在一起，為他們發聲。

　　社會工作需要處理複雜細膩人生問題，透過文炎細細梳理每一次與個案接觸的故事，讓我們能用同理心站在每一個受助者的角度思考，比如

〈偷竊〉一文，讓我們反思，面對偷竊行為的孩子，追求公平正義還是了解孩子的動機更重要。「一個孩子會偷竊一定有無法滿足的地方，這些無法滿足的地方才是我們要解決的問題，只有讓孩子獲得應有的滿足，不管是物質上或是心靈上的滿足都同樣需要被滿足，如此才能遏止偷竊的事件再次發生。」

「飢寒起盜心」，是社會工作者放在心裡的一句話，就像書中每一個個案故事，都有藏在背面的動機，唯有走進他們的內心，才能聽見真實的聲音，也才有可能從頭幫助他們解決問題。

從 2010 年開始，文炎帶領博幼的同仁篳路藍縷地開創了「外展」課輔模式，以無比的熱情和耐心，將教育的希望種子投入安置機構、教會、社區組織、學校等地方。因材施教的教學和社工夥伴的關心，讓這些原本放棄自己的孩子，重新找回信心。因為教育讓他們離院後能有更多機會，找到自己的出路，過程絕對充滿艱辛，文

炎說「用積極努力的社會工作，留住那些離開安置的孩子」，這是非常難在其他地方了解的經歷，本書娓娓道來其中甘苦。

　　邀請大家細細品味這本書，看看社會工作者如何思考，如何解決問題，也讓我們評判問題時、待人處事時，能多一點溫柔和感性。

把對的事情做好
（Do Right Things Right）

唐傳義
博幼基金會董事長

　　我很喜歡跟學生分享的一句話就是「把對的事情做好（Do Right Things Right）」。在人生的路上，只有把事情做好是不夠的，因為如果沒有找到正確的方向而盲目前進，往往是白費努力、徒勞無功。

　　市面上有關社會工作的書籍很多，但是很少有能讓人感同身受作者是站在弱勢者立場書寫的書。文炎的書寫，雖然從第一人稱出發，卻同時讓人看到那些與他站在一起孩子們的臉龐。能讓文字如此的具體，也許除了因為文炎本身曾有過的經歷外，另一方面，也許跟他能大方說出弱勢

孩子內心的渴望與想像有關。

在給予弱勢孩子「需要」的服務同時，我們往往很少想到孩子自己想要的是什麼。也因此許多社會工作者，常常在提供服務後，卻對受服務者「不知感恩」的行為，或為什麼服務沒有辦法達到成效感到困惑。這樣的困惑，也許來自於我們習慣將弱勢孩子劃歸成「弱勢孩子」，也就是當這群孩子擁有了弱勢身分，他們似乎就會與一般孩子擁有不同的想法，或面對事情會有不同的反應。然而在文炎的書中，他坦率的說出，弱勢的孩子就是孩子，跟一般的孩子一樣，擁有同樣做夢及思考的能力，他們並不會因為貧困，就不會想要 NIKE 的球鞋，或出生時就自動長出一副「感恩」的心腸。也因此當他在「雞蛋」一文中，引用村上春樹獲得文學獎時的講辭「以卵擊石，在高大堅硬的牆和雞蛋之間，我永遠站在雞蛋那方。無論高牆是多麼正確，雞蛋是多麼地錯誤，我永遠站在雞蛋這邊」，也令人格外深刻的

感受到社會工作者應該具備的道德與勇氣。

　　文炎將這本書定位爲他自己從事社會工作第二個十年經歷與故事的紀錄，其中也觸及了博幼基金會在 2010 年後展開的新服務─外展服務。對博幼來說，外展服務是一項新的挑戰。雖然一樣是提供課業輔導服務，但是因爲合作機構性質的不同，學生的需求也會有所差異。如何符應各機構弱勢學童的需求，調整課輔策略與方式，用以達成更大的成效，也是博幼這些年來一直努力尋求創新的地方。如果你是對機構合作有興趣者，不妨也可以多深入閱讀這個部分。

　　在書的第三部分，文炎也談到他到中國大陸，及對當地公益團體發展的一些想法，這是在台灣的我們較少看見的。雖然社會背景有所不同，但當看到文炎筆下的小希，跟「冰棒」文中的小歲，讓我想到我曾經在一次去博幼宜蘭中心時所發生的事情。那時課輔老師給我看一封信，信的內容是孩子聖誕節寫給媽媽的感謝信。雖然

媽媽遠離家鄉與孩子，但是孩子在信中寫到，他了解自己的狀況，也願意承擔責任，請媽媽不要擔心自己。對孩子的早慧，我感到不捨，但是一方面我也為孩子感到開心，因為如果孩子的心裡有空缺，我們灌漑多少東西進去也是沒有用的。但是當孩子可以了解自己、說出自己，那麼就會有改變的力量，悄悄在孩子身上滋長。雖然文炎在大陸的時間並不長，但是在跟孩子短短的相處時間中，他不斷努力的看到孩子，並且也試圖讓孩子看見自己、發現自己的可能性，而這正是能讓孩子發生改變的契機。說到這裡，這樣你是否就能夠了解小歲冰棒的滋味了呢？

讀萬卷社工書，
不如行萬里社工路

鄭勝分

國立臺灣師範大學社會教育學系副教授

　　我個人專長在於社會企業研究，雖於大學社會教育系任教，但並無實際社會工作經驗，因為文炎送過我他的前兩本書，受人點滴當湧泉以報。當然，這不是我答應寫推薦序的原因。我擔任聯合勸募協會方案審查委員近十年的經歷，接觸過許多社福組織與社工人員，讓我對於社會工作有了一些想法，或許我可以從不同視野提供一些對本書的觀察心得。

　　文炎在第一章中從許多角度探討社會工作的脈絡與概念，我看到一個很重要的關鍵詞：「同理心」。普遍認為這是社工人員必須具備的基本

能力，如此方能真正解決案主的需求與問題，但令人好奇的是，有多少社工朋友可以真正做到同理心？同理心是否就是感同身受？是否就是站在案主的角度思考？我的一位朋友在大學社會學系任教，他跟我說當初為了研究遊民議題，落實田野調查去做了一週的遊民，和遊民一起餐風露宿，實際體驗及觀察這個族群的生活。我自問是否能做到如他這般？我的答案是肯定的機率不高，而想必多數人應該也和我一樣，這便體現出一個問題，就是囿於社工人員自身背景經歷，如何要求這些社工人員在披上社工背心服務弱勢族群時，就該具備同理心的能力呢？再者，某次社福機構的方案審查經驗中，機構社工人員不斷闡述他的無力感與困境，我問他：「你是不是覺得被案主綁架了？」從他眼中看到困窘但認同的眼神，我發現許多社工人員在自我要求同理心案主的同時，也陷入了同理心的漩渦中而難以自拔。對於我的疑問，文炎在本書中提出許多具體解

答，書友當可從中仔細閱讀，細細品味。

在第二章外展機構的困境與希望中，文炎透過許多故事講述博幼基金會的理念與作法，其中「添翼計畫」成為核心主軸，也是本書的主標題，而「IP」則是英文 Impossible 到 Possible 的簡稱，敘述一個充滿希望的歷程。我看到「IP」時，腦中浮現電影 Mission Impossible 一詞，Mission Impossible 系列電影規律在於人定勝天，但男主角**伊森·韓特**（Ethan Hunt）只有一位，我希望社工人員對於「IP」可以有想像，但必須有接受失敗的心理準備。一如電腦或手機當機了，大部分時刻重開機就可以解決，社會工作跟許多專業工作亦是如此，醫生無法在手術台救回每一條生命，同樣地社工人員也無法改變及協助所有的案主，當「IP」當機時，也就是 Impossible 還是 Impossible 時，社工人員自我「重開機」的能力訓練也很重要。

最後，談談文炎對於兩岸社工人員交流的觀

察。我也是中華組織發展協會的理事及現任理事長，2010 年協會成立前就開始每年的交流活動，文炎說幾趟大陸行真的印證「讀萬卷書，不如行萬里路」。我想說的是，文炎根本就是工作狂，他應該是「讀萬卷社工書，不如行萬里社工路」的行者。這可能就是具備強烈使命感的社工人員的特質，但我希望看本書的讀者，即使您是社工人員，也毋須以文炎做標竿，請您以自己為標準即可，我常覺得「盡人事」且「仰不愧於天」後，餘事就該聽天命，社會工作如此，人生也是如此。

本書有故事也有理念，可以提供社工人員許多經驗與啟示，而一般讀者也可以透過本書認識何謂社會工作，誠摯推薦給讀友。

2021 年 7 月於南港

看見孩子改變—加入博幼課業輔導是機構一項絕對超值的投資

陳立庚
衛生福利部北區老人之家主任

　　因為參與，看見了孩子的改變，所以，對博幼基金會「課業輔導」帶給機構孩子的激勵與啟發，特別有感！

　　過去幾年，是在一所兼具服務成年心智障礙者與法院裁定安置少女個案的公立社福機構服務，與這群幾無心機的老小孩、青春爆衝的小大人一起工作，現在想來，是段記憶鮮明的經歷。少女個案的安置與輔導，尤其繁雜，機構內的輔導人員及社工，雖非人人皆是十八般武藝樣樣精通，但也所差無幾，面對這群少女，仍有著力有未逮之感，看著她們進出機構，也滋味雜陳。機

構的輔導人員稱這群未滿 18 歲、談吐超級社會化的個案為「美少女」，部分孩子因尚未完成國中或小學教育，必須進入合作式的中途學校繼續就讀，這群就學班的孩子每天雖行禮如儀的上學，但希望看見孩子們能有進步學習成績的期待，總是經常性落空！不僅孩子們充滿挫折，其實大人們也是！

機構安置的孩子因中輟，學習中斷的現象普遍。想像一下，年齡上理應就讀八年級的孩子，如果連 26 個英文字母的大小寫都沒學全、學會，試問，當她復學後，何來能力可以接續八年級的英文課業？這樣的孩子在機構內還真有一些！因此，「上課聽不懂老師說、課本上的文字怎麼樣也看不懂」這樣的情形不難想像，外在行為就以「不想聽、沒興趣、不想學、上課睡覺」來表達。長久以來，這種放棄學習的劇情，不斷在機構內上演，讓經驗極為老練的工作人員，很是苦惱。

2013 年的下半年，機構內的安置輔導工作有了新的動能，轉變的契機發生在那年 3 月一場於高雄舉辦的課輔說明會，就是在那個場合上，從認識文炎副執行長開始的。當時內政部兒童局正在積極推動兒少安置機構課業輔導計畫，因著這次的機緣，開始與博幼基金會接觸，同年 8 月繼而合作，引入博幼課輔，也因課後輔導在機構的逐漸萌芽生根，誘發並激勵孩子們學習的動力與信心，有了學習的成就感，參與課輔人數由開始的少少幾位到後來幾近全員參與，孩子有了令人驚艷的進步，工作人員驚喜看見孩子學習態度的轉變，從意興闌珊、勉為其難的消極配合到願意安靜坐下來、主動探詢能否參與課程，這樣的轉折，輔導人員也不禁暗自欣喜，孩子們的未來真的變為可能，也增加離開機構後不被再次打回原形的機會。

　　很同意文炎副執行長在「意願」一文中，對機構內孩子學習成就觀察的一段話：「學習意願

並不是成績落後的原因，而是成績落後的結果」。沒錯！機構內的許多孩子確實是因程度不到而聽不懂、跟不上課業進度，失去了學習的動力與興趣，無法在學習過程中獲得肯認；而博幼課輔以符合孩子程度的課程、用孩子學得會、聽得懂的方式來教導孩子，告訴孩子，只要願意，學習可以重來、不吝給予及時的讚美，當孩子們發現她們有能力學習，並從中獲得肯定，大人們也就不難看見發生在孩子們身上對學習態度上的驚人變化！

改變一定不容易，但是對機構來說，加入博幼課業輔導，絕對是一項超值的投資，值得投注熱情！

2021 年對人類來說是極為艱辛的一年，世界因新冠肺炎所苦，臺灣也身在其中。為能有效阻斷病毒的傳播鏈，人與人之間交流互動的頻率與密度也被迫降低，有形與無形的社交距離也自動加大，新冠肺炎打亂了所有人的生活步調，宅

在家防疫、抗疫，也就成為民眾的日常。很高興看到文炎副執行長第三本書在這樣的 2021 年問世，透過閱讀這本書，能夠讓更多人理解弱勢朋友的處境，願意伸手協助找尋脫離困境的可能方法，沒有人願意當一輩子的「魯蛇」；相信這本書能夠帶給在機構中努力不懈的輔導工作者信心與能量，繼續與孩子們一起工作，也邀請不管是不是宅在家都在努力抗疫的大家一同來閱讀。

我們不應放棄思考與嘗試的是：政府和社會還能多做些什麼？

周江杰
民主進步黨客家部主任兼發言人

　　寫這篇推薦序的時候，東京奧運正如火如荼的進行當中。本次的代表團中有位桌球選手林昀儒，在接受訪問的時候被問到爲什麼喜歡打桌球？

　　因爲都會贏啊！林昀儒帶著自信的這樣回答。

　　聽起來即便非常直觀，但多數人不知道的是在他贏球的背後，林昀儒每天要練上萬顆球。這上萬顆球也一定是經過專業設計過後的菜單，讓他可以在日復一日的訓練過程中，取得足以獲勝的能力。而一位選手若願意按照菜單持續地訓

練，我想必然是站在相信的立場上。

相信，在這個複雜的社會裡，扮演很重要的力量。而關鍵通常在那一位「執行者」的身上。文炎的第三本書中，有許多內容很隱性地顯露出我認為的關鍵特質。

這必須從我在博幼基金會工作時的回憶開始談起。當時，我面對的學生大多數在學習成就的歷程中是不會「贏」的學生。而且多數在我進行學習能力「前測」的時候，已經沒有什麼信心。任何力量要介入這樣的情況，不管是個人或者是機構，都必須要有足夠的信心才能說服學生：請相信我們。文炎在博幼基金會前十年的工作，從前二本書的內容看起來，就在培養這樣的底氣。

在有了這樣的經驗及信心的堆積之後。文炎第二個十年面對的，除了一般社會認知的偏鄉學生之外，更嚴峻的是博幼基金會嘗試進一步要說服國家，在政府體制中安置機構裡的學生也不能被放棄。這種一個孩子都不能少的教育觀，如果

沒有足夠的底氣在，恐怕是沒辦法這麼霸氣地喊出來的。

做為一個曾經近距離的觀察者，我也曾經和文炎與許多安置機構的負責人商談。過去，我們或許只把安置機構視爲補足家庭最基本的功能：讓進出的孩子至少能有一個可以遮風避雨的地方。但除此之外，我們不應放棄思考與嘗試的是：政府和社會還能多做些什麼？博幼基金會第二個十年，由文炎透過外展服務的模式，給了我們一個「公私協力」的啓示。只是這個嘗試，將過去在偏　來自學生、學生家長甚至教育系統的疑問；變成了安置機構負責人、生活教育老師及學員本身的問號！這其中轉變在這本書中也有很深刻的描述，建議讀者千萬不要錯過。

最後，在展望未來的部分。博幼基金會已經開始與對岸的 NPO 有所接觸。有趣的是，文炎擔心我的工作會不會有所顧忌。但兩岸民間彼此之間善意的交流，絕不該受任何政治立場的限

制。以基金會或是文炎這樣具有強烈信念支持的「執行者」，我個人十分期待透過非營利組織的互動，能夠創造彼此之間「善」的循環。或許，這是文炎工作第三個十年最重要的使命也不一定。我期待未來有更多的文字，能留下這位專業社會工作者的歷史足跡。

影響、擴散、永續
一場社會工作的奇幻生命之旅

吳佳霖
中華組織發展協會祕書長

　　認識文炎源自於博幼基金會，而與博幼的因緣則來自在暨大唸社會政策與社會工作碩班的時候，協助規劃大陸夥伴學習認識瞭解台灣的教育，尤其是課後教育的作法與模式。從第一次李家同董事長親自說明介紹，一直到由文炎分享，而近幾年文炎也參與在大陸公益組織的培訓，對其在社會工作、弱勢兒童的服務更深入的瞭解與佩服其專業。而這樣的社會工作專業正如同這本書的描寫一樣，淺顯易懂的文字，卻隱含著深入的觀察、探索、同理、省思和反身性，而這一連串的系統思維，已經深深內化於他自身當中，也

同時運用在學校的教學與日常生活當中。

　　社會工作專業推動二十幾年，至今仍有一線社會工作者和社工系學生對於社會工作的專業如何對外用淺顯易懂的方式展現或說明仍感困惑，更遑論在與其他專業團隊一起工作時，對於自身的角色與專業也感到疑惑。面對這種種現象唯一的解法就是不斷強調專業二字，卻忽略專業是透過服務與相處過程中的觀察、思考和分析的過程，如何從表面問題探尋到真正問題的因素，由淺到深的過程，找出核心與關鍵給予個別化的支持和協助。正如書中一開始所提到的阿嬤的公主電影所呈現的脈絡，社會工作的批判是用於對於體制與系統，而非用於個案的道德與預先的假設及標籤。去標籤化與尋求真正的問題一直是社會工作者努力想實踐的社會正義與公平，但這樣的過程不是僅有理論原理的學習，更需要透過實踐的過程，產生體悟、同理和選擇，產生自我和解，同時也與他人和解，一種復原力的展現。社

會工作者不是神，一樣也有自己的傷痛和無能為力的時候，在助人過程中，也是自助與互助之間善與愛的循環，從實踐當中產生慈悲的智慧。

博幼的外展推動，將影響力從基金會本身個體延伸至具有共同理念的非營利組織，擴散對於弱勢與特殊孩子的服務，而這當中也看到從個案服務的個體問題、需求，進而衍伸思考生命和家庭的關係。從如何讓弱勢和特殊境遇的孩子從不可能到可能—IP，從事個案服務工作，很容易限於只在個案本身，而忽略個案是生存在系統當中，在其生命歷程中不是單獨一人，還是有許多他者的陪伴，不論是愛的陪伴或是傷害的陪伴，都是存在生命當中無法抹滅，而生命的歸屬與牽絆來自被個人視為家和家人，這個家和家人未必是原生家庭，對於特殊境遇的孩子而言，往往是在生命當中擁有安全感與歸屬感的場域，可能是機構或是組織。而如何讓弱勢和特殊境遇的孩子從不可能到可能—IP，看到IP第一聯想是位

址，而文炎的說明也不禁有異曲同工之妙，如果創造改變這群孩子自己選擇屬於自己的位址，展現其屬於個人的生命圖像與網址，這是培力與改變的歷程，這樣的擴展更能產生正向影響力的實現。

兩岸交流破除政治議題與思考，回歸人的本質時，從社會的角度與期待美好社會的展現時，社會工作與公益就是最佳實踐的過程。社會的公平、正義透過人們實現在社會當中，社會工作者與非營利組織對於社會問題與議題時，第一考量是回到個體本身，而無關乎種族、性別、地域、年齡、政治..。但對於文化的尊重與認知是很重要的關鍵，因為尊重才能站在一起共同思考與理解所處的情境與問題，判斷與盤點出相關資源與優勢，給予最適切的資訊與訊息，提供個案作為選擇。正因為有各種不同情境與個體因素，給予的處遇絕非單純的 SOP（流程）就可以完成，這也是社會工作迷人又美妙之處。兩岸交流過程坦

承、無私是最佳關係建立的過程，而台灣的社會工作者與非營利組織的夥伴透過交流過程當中也不斷省思可以突破與持續的模式和做法，有如武俠小說當中相互切磋武藝，彼此共同精進，共同尋求心中的美好社會並給予弱勢者培力的機會。陪伴的過程是一場又一場奇幻人生之旅，而所追求的社會發展的可持續性，以及參與其中的人們初衷的永續。

培力與轉變的社工路

　　這是一本寫了很久很久的書，這本書大致可以歸納為主要是我在從事社會工作第二個十年的工作經歷與故事，這十年我也慢慢想通我對社會工作的概念，因此也將這些概念陸陸續續地寫下來，作為工作歷程足跡的記錄，否則以我記憶力不好的特質，最後恐怕都會忘得一乾二淨，因此文字的記錄就成為我記憶力不好的救星與解方。

　　同時因為有了這些概念才能理解接下來文章的第二部分—外展機構的困境與希望與第三部分—中國大陸參訪的發現與差異當中的脈絡與角度，期待不管是一般社會大眾或是社工相關從業人員都能夠更了解社會的不同層面與不同的社會問題，我相信如果我們多一分了解與理解，我們

就能有更多的協助機會與可能，那麼社會上的苦難就更有機會能減少一分，因此我也希望這本書可以讓更多人了解弱勢者的處境，唯有越多人知道與理解，才會有更多的資源與協助出現。

第二個十年我的工作主要是負責外展——分享與輔導博幼基金會的課業輔導模式經驗給其他也想做課業輔導的小型機構（包含教會、社區協會、安置機構、學校），這也是一個全新的做法，從頭建構工作模式，開創新的服務模式似乎就是我的宿命，正好我也是個具有不喜歡蕭規曹隨的反骨個性的人，因此對於研發新的服務模式一點都不為難，反而如魚得水，因為我喜歡有挑戰性的工作，不喜歡一成不變的工作，所以當我得知我要負責研發外展服務時我是非常開心的，因為這代表無限的可能性，而且這是當時沒有人做過的事情，我可能在參與創造歷史，想想都很開心，不是嗎？

在外展的機構當中，難度最高當屬安置機

構，而這十年當中我參與了很多很多的第一次與突破，因為課業輔導服務的加入讓所有人對安置機構孩子的想像與期待完全跳脫一個大等級，以前很多安置機構都只是想著讓孩子吃飽穿暖就好，大多數的機構都對孩子有著很低的期待，只期待孩子平安的在安置機構長大、不要做壞事就好，根本沒有想過安置機構的孩子也可以把書念得很好，也視孩子不喜歡讀書為正常現象，一開始就畫地自限，為孩子不讀書找盡藉口，而且視為理所當然，然而因為課業輔導的服務加入之後，一切都變得不一樣了，一切都變得有可能了，這個歷程的轉變過程非常的有趣，不僅充滿驚奇，更充滿滿滿的感動，我有幸可以成為見證這些奇蹟的一員，是從事社會工作最大的成就來源，這些過程都在一篇又一篇的小故事當中如實呈現。

最後是這幾年參訪中國大陸幾個地方的看見與感想，幾趟中國大陸行真的印證「讀萬卷書，

不如行萬里路。」只有親身踏上中國大陸才有辦法理解眞實的狀況，在台灣生活超過 40 年，到了中國大陸才眞的感受到跟台灣的差異太大，但是我也看到許多社會現象與發展脈絡有部分相同的軌跡，因爲社會工作專業訓練的職業病使然，在我的眼中，只有需要幫助與不需要幫助的人這兩種分別而已，所以我只會從這樣的角度去看台灣與中國大陸的弱勢者，在我眼中其實是沒有分別的，只是他們住在不一樣的地方罷了，我希望所有的弱勢者都可以得到應有的協助，我也希望大家用這樣的角度來看所有的弱勢者，來幫助所有的弱勢者脫離弱勢。

目錄 添翼——培力與轉變的社工路

第一章　社會工作的脈絡與概念

34

第一章

社會工作的
脈絡與概念

社會工作與人們的生活是息息相關的，尤其是弱勢者的生活更是社會工作最重要的工作場域，而在日常當中其實就有很多跟社會工作密切相關的事物，一般人或許不太容易從這些日常的事物當中看出一些社會問題或社會脈絡，但是，如果經過社會學訓練的人就很容易看出來這些社會事件背後所隱藏的社會現象與社會問題，當然專業的社會學訓練是需要一定時間與很專業的訓練的，並且是相當不容易的，但是簡單的社會現象與社會問題的探討訓練其實並不會很困難的。就像要成為一位合格的醫生很困難，但是擁有一些粗淺的醫學知識卻不是遙不可及的，因此希望看完這些文章的讀者也能學到簡單的從社會學的角度看待社會事件與問題。

01 電影

最近有什麼電影適合給社工系學生看呢？

前一陣子在電視上看到一部電影讓我很感動，這是一部韓國電影，電影片名叫〈阿嬤的小公主〉，電影以寫實的方式刻劃出弱勢者真實的處境與議題，同時在殘酷與悲傷的情節中以幽默的方式呈現，讓觀眾在輕鬆的過程當中了解弱勢者的處境與困境。讓觀眾在又笑又哭的情緒起伏之後也可以從另一個角度來了解與同理弱勢者的生活，因此，我可以說這是我這幾年少數看的電影當中覺得拍得最成功，也讓我最感動的電影。

這部電影我也會讓大學社工系的學生看，因為這是一部非常適合探討社會現象與弱勢者處境議題的電影，今天我就先從一開始的劇情開始跟

大家分享從社會工作角度看這部電影可以探討的問題。

電影一開始的劇情社工員東光帶著 12 歲的主角羅公主到未曾謀面的外婆家，因為公主的媽媽過世了，因此公主揹著襁褓中的妹妹珍珠，手裡抱著媽媽的骨灰，由社工陪同到外婆家，而社工員帶公主到門口之後就離開了，過了一段時間，外婆才回到家，而公主則坐在房間門口睡著了，外婆看到公主很錯愕，因為他根本不知道這個小孩是誰，為什麼會在她的家裡出現。

這是一段短短 5 分鐘不到的劇情，而很多人在看電影時並不會特別注意，似乎這樣的劇情沒有特別之處，但是，因為從事社會工作的職業病，對於好不容易出現在電影中有關社會工作的內容總是特別敏感，於是我在上課播電影時就會問大學社工系學生有沒有人注意到這一段劇情的細節，剛開始幾乎不會有人注意到，所有人都注意劇情的發展，直到我提醒如果各位是社工東光

的話應該如何將公主安置在外婆家，這個過程中社工員要做的動作當中有哪一些是不合格、不專業的，為什麼？如果你是一個合格專業的社工應該要做到那些細節呢？這時學生才會去思考專業的問題，所幸經過提醒之後很快就會有學生點出問題，這代表專業學習之後還是需要與實務工作連結的練習的。

這當中有幾個重點可以給大家思考，首先社工員要安置孩子沒有事先讓外婆知道，這樣應該嗎？有可能會產生哪些問題呢？第二，社工員帶孩子到外婆家門口就自行離開，這樣應該嗎？有可能會有哪些風險呢？

會讓學生做這樣的練習是因為每次我看到社會新聞或有社會議題的電影或影片時，我都會想起大學的時候社會學的老師告訴我們，當你在看社會新聞或有社會議題的電影時不能像一般的觀眾一樣只看事件的表面，而是應該從社會學的角度去看到事件背後的複雜因素，應該期許自己不

停地練習看社會事件背後所代表的意義，不斷練習之後成爲一種反射性的思考行爲，這樣看待社會問題的能力才能進步，因爲我們是社會工作者，我們一定要具備分析社會問題的能力，而這樣的能力是需要透過學習與不斷練習才能達到精熟的。

我在大學社工系兼課大多是 3 年級或 4 年級的課，我個人認爲這個階段的社會工作訓練重點應該放在如何將 1、2 年級所學的基礎與理論應用在實際的實務工作上，同時也應該讓這個階段的大學社工系學生與他所處的社會環境產生實際且眞實的連結，所以透過電影情節內容與社會事件的討論可以達到不錯的效果，很多學生最後給我的反饋是這些討論讓他們更容易知道如何將所學的專業與理論應用在實務工作上，也更清楚自己未來是否要從事社會工作。

其實從社會學的角度來看社會新聞或電影是非常有趣的事情，更希望大家在看電影的同時也

可以思考一些社會問題，這樣我們的社會可以更加互相理解與同理，我們的社會就能更友善與美好。

所以，下次看電影時，您要不要試試看呢？

02 說謊

　　會說謊的小孩是好小孩還是壞小孩呢？

　　這次要跟大家探討的問題是很容易碰到的「說謊」的問題，主角羅公主是 12 歲的小女孩，因為搬家而轉學到新學校，而在面對各式各樣的問題，公主很多時候其實都是說謊的，但是看電影時或者結束之後，幾乎沒有人會認為公主是個壞小孩，可是他的的確確是說了很多謊話，這究竟是為什麼呢？

　　而在看電影之前問大學社工系的學生：「會說謊的小孩是好小孩還是壞小孩？」絕大多數的學生都會覺得是壞小孩，小部分的學生不會表態回答，幾乎沒有學生會認為會說謊的小孩是好小孩。可是當電影看完之後再問同一個問題，結果

卻是完全相反了，絕大多數的學生都會認為會說謊的小孩也可以是好小孩。這前後的差距究竟在哪裡呢？為何同一個人在看完電影之後觀念會產生如此大的差異呢？其實這正是好的電影高明的地方，看好的電影的時候，觀眾會不知不覺被電影帶入主角的脈絡與觀點而不自知，站在主角的立場去看待所遭遇的事情就像是具備「同理心」一般的將自己置身在主角的位置上，去思考如何面對與選擇主角所遭遇的困難與問題，自然就比較能夠理解與接納主角做出的選擇，所以其實看電影是非常好的「同理心訓練」的工具與媒介，當然事後的討論與釐清更是最重要的關鍵。

最後討論的時候我都會挑戰學生的價值觀念，不要用會不會說謊來評論一個小孩是好小孩還是壞小孩，因為很多人不說謊其實只是「不需要說謊」，而不是道德有多麼高尚，有更多人說謊是因為「需要說謊」，因為說謊可以避免很多麻煩與危險，尤其在弱勢者身上更是如此。很多

時候說謊是「不得不的選擇」，而不見得是「想要的選擇」，所以重點是孩子為什麼「需要說謊」，說謊的原因與目的才是重點，而不是說謊本身。

　　社會工作者的功能是能不能將案主的環境改造成一個對案主友善的環境，協助案主在這個環境之中很安全，不需要、也沒有必要說謊，如果我們沒有辦法讓案主在這樣安全的環境之中生活，我們真的有資格來指責案主為了安全與生存而說謊嗎？我不知道，不過至少我會很心虛。

　　所以，當你碰到會說謊的小孩時，你知道該了解的重點是甚麼了嗎？

03 偷竊

偷竊事件發生後一定要抓到兇手嗎？

這次要跟大家探討的問題也是弱勢小孩很容易出現的「偷竊」問題，主角羅公主是 12 歲的小女孩，因為搬家而轉學到新學校，轉學之後沒多久班上就發生了同學錢包被偷的事件，而偷錢包的正是主角羅公主，而這件偷竊事件其實是有很多因素所共同組成的「機會」，因為有好的「機會」再加上「動機」，於是自然就很容易促成偷竊事件，其實大部分的犯罪事件也常常是因為上述兩個要件具備之後就更加容易發生了。

偷竊行為其實是我在擔任督導時覺得很不好處理的事情，因為很多時候很難有直接證據，社工也沒有學過「鑑識」的專門技術，也沒有工具

驗指紋，而我們面對很多的對手（偷竊的小孩）都是經驗豐富的老手，在沒有直接證據之前經常都是處變不驚、打死不認，所以必須承認我抓小偷的能力並不好，常常有懷疑對象，但是卻苦無證據，小孩也不會自己承認，甚至還碰過都已經人贓俱獲的狀況之下，依然可以好說歹說、軟硬兼施，依舊死不承認，最後還是求助於該學生的學校校長才讓孩子願意承認。

當然我也可以跟很多大人一樣覺得有足夠的證據之後，就算孩子不願意承認，還是認定是某一個孩子偷竊，因為很多大人都覺得一定要抓到兇手，一定要真相大白，這樣正義才能得以伸張，這是最重要的事情。如果你是不會偷竊的大人或小孩，你是不是也是這樣的想法呢？這樣的想法似乎是天經地義，天衣無縫得毫無破綻，這樣的概念似乎也是主流社會的普世價值，至少表面上大家都這麼說，可是我因為自己也當過弱勢小孩，從小到大看過很多為了找到兇手而不惜在

缺乏直接證據的情況之下依舊認定有偷竊紀錄或嫌疑最大的小孩為犯罪者，冤枉一次背後的代價是最後這些小孩自暴自棄、自甘墮落，因為被大部分人冤枉的反擊就是真的偷竊給大家看，反正大家都說我是小偷，那我就偷給大家看。當然這樣的反擊是兩敗俱傷、玉石俱焚，但是這是被冤枉的弱勢者幾乎唯一能夠做的反擊，而我完全不願意看到這樣的反擊，如果會有這樣的冤枉與反擊，那我寧願選擇「抓不到兇手」，當然你也可以認為是我沒有警察辦案與法官斷案的能力為自己找的台階，但是我其實比較看重的是哪怕我一萬次都猜對兇手，但是萬一有一次猜錯兇手就是毀掉一個孩子的一生，於是我選擇承認自己沒有本事抓到兇手，寧願錯放一百 也不可錯殺一人，我也不願意為了正義的大旗而犧牲弱勢者。

面對偷竊的小孩，我更在意的是孩子的動機，是甚麼動機會讓孩子願意冒這麼大的風險偷竊，這才是問題的關鍵，我常常提醒大學生跟社

工具，「飢寒起盜心」這句話不僅僅是聖人言，更重要的是它常常才是動機的來源，一個孩子會偷竊一定有無法滿足的地方，這些無法滿足的地方才是我們要解決的問題，只有讓孩子獲得應有的滿足，不管是物質上或是心靈上的滿足都同樣需要被滿足，如此才能遏止偷竊的事件再次發生，所以會偷竊的孩子是迫切需要被幫助的孩子，孩子已經在透過偷竊向大人求救，而我們還要見死不救嗎？還要執著於兇手到底是誰嗎？兇手有沒有受到應有的懲罰嗎？

凶手不是不重要，有沒有獲得應有的懲罰也不是不重要，但是可以不可先了解孩子的脈絡，先了解孩子的基本需求有沒有被滿足，先了解孩子的動機，這樣才可以解決孩子偷竊的動機，才能期待孩子下次不會再犯，否則偷竊的小孩會一犯再犯，最後就變成江洋大盜，而這是我們想要的結果嗎？

最後，您認為偷竊事件的重點是甚麼呢？

04 雞蛋

「文炎，你從事偏鄉課業輔導這麼多年，對於你教自己的孩子有甚麼影響？」

2014 年的深秋，我陪同基金會的董事長與宜蘭中心的認養人一起到大同鄉去看課業輔導的學生課輔的狀況，一下午看完課輔到最後一站——松羅分校時已經天黑了，結束前認養人問了我上述這個問題，而我想了一下毫不猶豫就回答：「最大的影響就是我不敢讓我的小孩在學校成績落後，尤其是我的小孩在偏鄉就讀，依照目前的教育制度與學校的狀況，一旦在偏鄉學校落後恐怕就很不樂觀了。」

11 年的課業輔導經驗讓我認知到一件事情，台灣的教育制度雖然「多數人」（至少住在

都會區的多數人）覺得越來越好，因為的確學生學到的事物比我們以前多得多，也比以前的學生更有自己的想法，這些都是事實，所以當有人在批評現在的教育制度時總是會有一大堆人（其中不乏名校的大學教授與台灣的菁英份子）可以提出一大堆數據說明現在的教育制度比以前好得多，就整體來說也可以說是利大於弊，這些數據我想應該也是事實，這些論點的出現其實一點也不足以為奇。

但是，我想一件事情的好壞與應不應該做並不能永遠只從多數人的角度思考，尤其當少數人是弱勢時更是如此，台灣是一個民主國家，但是民主若是不能照顧弱勢的話就會常常淪為多數暴力，一味的只顧慮到多數人（優勢者）的利益卻犧牲少數人（弱勢者）的生存權利，難道這樣的民主與利益是我們所追求的嗎？我想恐怕當所有人了解之後未必所有人都會同意。就像 2011 年村上春樹於耶路撒冷獲頒耶路撒冷文學獎的英語

演講辭「以卵擊石，在高大堅硬的牆和雞蛋之間，我永遠站在雞蛋那方。無論高牆是多麼正確，雞蛋是多麼地錯誤，我永遠站在雞蛋這邊。」道出個人應有的道德勇氣、與對體制霸權的深刻反省。

我想從另外一個角度來看最近二、三十年教育制度對「少數人（弱勢者）」的影響，這個角度才是這二、三十年來多數批評教育制度最重要的立場與觀點，但是多數人這一方似乎對於教育制度對少數人（弱勢者）所產生的不利影響充耳不聞、視而不見，一再強調對多數人的利益與正當性，而一再剝奪少數人（弱勢者）藉由教育制度脫離貧窮與犯罪，達到社會階層流動的機會，讓社會階層的流動越來越困難，弱勢者越來越沒有機會，原因就只是為了符合多數人的利益。這樣的教育制度雖然創造多數人的利益，但是卻對弱勢者極度不友善，可是沒有人願意討論犧牲弱勢者的生存利益這樣的高牆該不該存在，只是一

再強調高牆的正確性。而當有人為雞蛋發聲，動則以老舊思想調侃，殊不知重點不在高牆有多正確，重點根本就在我們該不該犧牲雞蛋，那怕雞蛋是多麼錯誤。

雞蛋很難為自己發聲，如果做為一位社會工作者都不敢為雞蛋發聲的話，那麼我們的社會要社會工作何用呢？所以無論高牆是多麼正確，雞蛋是多麼地錯誤，我永遠站在雞蛋這邊。那您呢？

05 品格

　　當弱勢的孩子品格沒有問題之後，他的人生就一片光明了嗎？

　　2005 年有一對基督教的牧師與師母來到彰化縣海邊成立新教會，一開始以孩子的品格週末營作爲接觸當地居民的方式，希望透過服侍的方式服務當地弱勢的小朋友，同時也讓當地人認識耶穌，達到傳教的效果。然而就像所有宗教在宣教的過程當中一開始都非常困難，非常不受歡迎，不僅一開始連想要在當地租房子都幾經波折，一再被拒絕，根本租不到房子，被村民視之如洪水猛獸，甚至帶小朋友去活動中心上課還被隔壁鄰居「撒鹽」（很難想像 2005 年的台灣西部還有人會這樣做），認爲他們是病毒，但是即

便如此也並未消磨他們對於想在偏遠海邊鄉鎮傳福音及協助弱勢的想法。

　　一開始服務弱勢孩子的工作並不是非常順利，有些學童因故沒有持續的接受服務而離開，而服務弱勢孩子的方案也因為遭遇很多困難而中斷過一段時間，原本已經決定放棄服務弱勢孩子的方案。直至有一天，牧師在路上遇到以前服務過的孩子，孩子以很不友善的眼神看他，彷彿在埋怨牧師為什麼要放棄他，那個眼神讓牧師開始懷疑自己的決定是否正確。那個眼神給牧師非常大的震撼與啟發，後來透過禱告，跟神確認了要繼續進行兒童的服務，並以此為己任，勇敢的去付出，也因此，間接成為與博幼合作的契機。

　　2010 年因為認同李家同董事長的教育理念，討論下開始與博幼基金會接觸，學習博幼課輔經營的方法。因為在偏遠海邊師資取得不易，因此非常認同博幼在地方培育人才養成課輔老師的方法，深深知道唯有如此才可以解決偏遠地區

師資難尋的嚴重問題。

　　另外一個決定跟博幼基金會合作的重要因素是博幼基金會有補救孩子程度的方法與教材，可以從孩子不會的地方開始補救，循序漸進，客製化的教材與進度加上小班教學，讓程度不佳的孩子可以獲得適合自己的教學內容與教材，只要願意都可以進步，不會超過孩子的程度，讓孩子在學習當中可以獲得成就感。因為從 2005 年到 2010 年這 5 年的時間透過牧師與師母的努力，解決家庭與孩子的各式各樣的疑難雜症之後，這些弱勢家庭的孩子在品格上不管是行為或價值觀念都有非常明顯的進步與改善，但是，國中畢業之後還是因為所有的孩子程度都不夠好，因此還是只能念私立的高中職，成績並沒有因為品格教育的成功而有大幅度的改善，這些弱勢家庭的家長與孩子依舊必須在「就讀學費昂貴到家庭根本付不起的私立高中職」與「沒有任何一技之長的狀態下直接就業」這兩者之間做出選擇，這是一

個雙輸的選擇，任何一個選擇都是輸家，但是這些弱勢家庭的家長與孩子依舊必須選擇，如果是您，您會選哪一個呢？

面對「就讀學費昂貴到家庭根本付不起的私立高中職」的學生，教會能做的就是幫忙募款湊學雜費，只是面對程度不好的孩子就讀程度也不好的私立高中職時，難免會懷疑即使取得私立高中職的學歷之後，這些弱勢的孩子將來真的就能夠一片光明嗎？真的就可以靠著良好的品格就找到正當而穩定的工作，養活自己與家人嗎？答案其實早在你我心中昭然若揭了！而這時博幼基金會的出現剛好就填補了教會服務所缺乏的那一部份，因此就一拍即合，開始了迄今超過 10 年的合作。

有了良好品格的基礎之後，透過有系統的補救教學之後，孩子的成績在很短的時間之內就有大幅度的進步了，漸漸地有能力考上公立高中職的孩子就越來越多了，因為程度的提升，這些弱

勢家庭的家長與孩子擁有了第三個選擇，不再只能選擇雙輸了。孩子的品格當然是絕對重要的，但是如何能夠使弱勢的孩子不會受到社會不良份子的誘惑，我們必須要使孩子對自己的前途深有信心。博幼基金會使得孩子們都有最基本的學識，因此他們知道自己將來在社會上可以立足。有這種信心是相當重要的，因為從此孩子們不會被社會不良份子吸收而成為邊緣人物。教會在品格上的薰陶是相當有意義的，但是仍然要佐以學識上的教育，雙管齊下乃是最有效的方法。

06 感恩

「可以請你再多談一談小時候不懂得感恩這件事情嗎？」

甫結束七天馬不停蹄、披星戴月的貴陽行程回到台灣時，因為當天回來的時間很早，因此出發前就與一位因為新書發表會而認識的朋友相約在台中高鐵站見面，當得知這位朋友是特地從高雄坐車上來時，其實我的內心事感到意外與驚訝，但是當我意識到上述這個問題時，我就大概知道是怎麼回事了。

這位朋友跟我一樣都是雲林人，年齡差不多，也是男性，背景很類似，父親也是很早就過世，由祖父母帶大，跟我有類似的受助經驗。因此當他聽到小時候我也是一個不懂得感恩的小孩

時，同時我的想法是為什麼很多大人都認為弱勢的小孩就一定要感恩？為什麼很多大人都要教弱勢的小孩要感恩？為什麼有錢人的小孩都不用被要求要感恩？都不用被教要感恩呢？要感恩也應該是有錢人的小孩先感恩吧！弱勢的小孩要感恩甚麼？感恩他有一個悲慘的童年嗎？感恩他有一個被人瞧不起的童年嗎？感恩他有一個需要別人幫助的童年嗎？……等這些非常另類的論調時，我想他的心中長久以來（不懂得感恩）的罪惡感似乎找到救贖了，因此有幾次交談與互傳訊息的機會時，話題始終是圍繞在不懂得感恩這件事情上面。

過程中我其實沒有特別意識到這件事，但是那一天見面時，我終於後知後覺的發現這個關鍵問題了，這個關鍵問題讓他特地休假日從高雄到台中與我見面，想必這個問題似乎仍然困擾著他，因為過程中他透露出長大之後似乎依舊不覺得需要感恩／感謝誰，讓他深受困擾，因為多數

人的觀點都認爲像我們這種弱勢小孩理所當然要懂得感恩，否則我們就是不符合社會期待的人了，但是偏偏他自己又沒有辦法打從心底的感恩，因此我想一直以來他都被自己不懂得感恩是不對的這件事深深困擾著。而我的論點卻開啓了另外一種可能，那就是「究竟要求弱勢小孩感恩這件事情到底對不對？應不應該？」

我的想法是感恩這件事情根本就不應該是用「教」的，感恩是一個人的一種「體悟與選擇」，一種完全發自內心、自發性的想法與行爲，而不是被要求與強迫的想法與行爲。被要求與強迫的感恩無法發自內心、無法成爲自發性的想法與行爲，這樣的感恩有意義嗎？我不知道。

我的感恩是我到博幼基金會工作，在服務弱勢小孩之後才眞正出現的，因爲接受了小時候的自己之後，我才有感恩的能力。別人對我的教導其實都沒有用的，最後是我自己的體悟與選擇，而不是外在的教導與要求，沒有接受自己的人應

該很難學會感恩，所以最後我給這位朋友的建議是去「幫助別人」，尤其是去幫助跟自己有類似背景的弱勢者，藉由眞心的幫助他人，開始有機會跟小時候的自己對話、溝通、理解及和解，慢慢地就有可能接受小時候不完美的自己，當能接受小時候不完美的自己之後，或許感恩就會是一種自然而然的體悟與選擇。

我很慶幸我念的是靜宜大學的青少年兒童福利學系，因爲念了這個系，我才有機會做社會工作，才有機會服務弱勢小孩，才有機會將自己悲慘的童年經驗昇華成爲助人的優勢，才有機會與小時候的自己和解與接受自己，才有機會學會感恩。但是如果我沒有這些機會呢？如果我因爲沒有這些機會，所以無法學會感恩，是我的錯嗎？我不知道。

最後，我覺得與其教導弱勢者感恩，還不如想辦法讓弱勢者接受自己，因爲我認爲教導弱勢者感恩這件事情根本就沒有做到「同理」，根本

就是一群「站著不腰疼」的人說的話，做的事。

您認為呢？

07 職業

　　你在孩子幾歲的時候會跟他討論將來想從事何種職業呢？

　　每當我在課輔班跟學生聊天時，我總喜歡問學生對自己未來的想像，對未來職業的想法，但是很快地我就發現一個現象，那就是絕大多數的弱勢學生對自己未來想從事的職業都沒有想過，身邊的大人也沒有跟孩子討論過這件事情，因此不管是國中生還是國小生都對未來缺乏想像力，也不知道自己可能可以從事那些職業，更不知道這些職業需要那些學歷條件與技能，這件事情讓我深深感到憂慮，憂慮著弱勢的孩子沒有任何目標，也難怪沒有努力的動機，因為這些孩子根本就不知道為何要讀書？為何要努力？

一個人知道的資訊太少常常就會慢慢養成不會思考的習慣，對於多數的事情都是憑直覺決定、不太會判斷、也沒有自己的想法而人云亦云，其最重要的根源應該就在於獲得的資訊太少，因此就沒有辦法判斷，也沒有辦法有自己的主見，這樣的狀況在弱勢孩子的身上比比皆是。另外一種狀況就是弱勢孩子的視野太狹窄，因此只能從身邊接觸得到的職業作為自己的目標，而孩子的環境其實就是孩子以為的世界，因此當弱勢孩子的環境帶給他的資訊太缺乏時，自然他的視野就很狹隘。所以如何拓展弱勢孩子的視野也成為博幼基金會課業輔導當中很重要的一項工作，既然弱勢孩子的環境無法提供足夠的視野，那麼基金會就應該想辦法滿足弱勢孩子應得到的需求，因此基金會很早就開始有系統有規劃的拓展弱勢孩子的視野與想像，介紹各行各業給孩子認識與體驗，這個過程當中感謝很多願意提供協助的企業與工廠，讓博幼的孩子可以看到不同的

世界。

　這件事情也影響了我教自己孩子的態度，我的孩子從念幼稚園時我就會問她們以後想要從事什麼職業？對什麼工作有興趣？我預計花至少15年的時間跟我的女兒們討論這個問題，我也預計她們會換幾十個職業，我發現這個過程當中她們從小就會去注意與好奇各個職業的工作內容，也會主動詢問各個職業需要的學歷、技能及適合的特質，以及各個職業的優缺點，再來比對自己的能力與特質，最後再判斷自己合不合適，同時一直不斷地去思考自己的求學之路應該要往哪裡走。上了國中之後，我的大女兒已經很清楚自己要念高中還是高職了，甚至連哪一所學校他都選好了，因為他已經調查清楚自己的能力大概可以上哪一所學校，同樣等級的學校哪一所比較適合她，她會自己想辦法找資料評估，國中生不是就應該這樣嗎？

　雖然他們這些年想從事的職業已經換過至少

20 個以上，但是我一點都不擔心，反而很開心她們對於很多職業都至少有一點初步的認識與了解，也慢慢地找出自己想要走的路，父母或老師不可能永遠在孩子身邊，我們只能陪伴他們一段時間，這段時間我們還是要想辦法讓他們自己找到方向與目標，而我們永遠只是協助的角色，不是嗎？

找從幼稚園就開始跟我的孩子討論職業，那你呢？

08 杯子

「如果杯子裡已經放了各種大小不一的石頭，那麼想要填滿杯子最後要放進多小的石頭呢？」我在研究所的課堂上問了學姊與同學這樣一個奇怪的問題。

2011 年，時隔 13 年之後我再度回到我的母校當學生，而在其中一堂課中，聽完學姊在報告之後，我的腦袋當中忽然有了一個奇怪的想法，於是我問了上述的問題。學姊的工作是在醫院中擔任醫務社工師，工作壓力很大，對於自己夾在醫院的各種專業當中，社工師經常被質疑不夠專業，因為社工不像其他專業如醫師、護理師、心理師、職能治療師、物理治療師⋯⋯等專業有高度的同質性，一般人很容易明白該專業的工作與

特性，當年社工光要解釋甚麼是社工就要解釋半天，最後還會被問社工有薪水嗎？社工是義工（以前叫義工，現在稱志工）嗎？

同時社工的工作異質性很高，有各式各樣五花八門的服務對象與服務內容，雖然社會工作的概念都是相通的，但是的確不太容易解釋給當時對社會工作沒有概念的一般社會大眾，同時也因為社會工作的工作與成效不容易量化與數據化，因此更讓當時的社會工作者也很難用三言兩語就解釋清楚自己的工作與專業。當越不了解就越不容易想像社會工作這個專業，越難量化與數據化就容易引起質疑，不僅專業外的一般民眾與其他專業容易質疑，甚至最後連社會工作者本身都會產生懷疑，當時的背景脈絡就是在這樣的狀況底下，而讓我有了上述問題的感觸與想法。

2011 年當時我已經工作 11 年了，對於長久以來一般社會大眾或其他專業的不懂社會工作也是感同身受，剛開始我也一直認為是其他人不了

解社會工作，其他人應該要自己設法了解社會工作，不管是一般社會大眾或是跟我們會有業務接觸的其他專業，可是我等了超過 10 年，這樣的狀況似乎沒有太大的改善。另外對於其他專業的質疑與不友善我就比較沒有感受到，可能是因為我一直待在以社工為主體的社會福利機構有關，比較沒有受到其他專業的質疑，因此我反而有了不同的想法，我的想法是如果大家不懂社會工作，那麼社會工作者應該要想辦法用其他人可以理解的方式與言語來解釋，而不是期待其他人主動來理解社會工作，因為任何一個專業都必須靠自己來讓其他人理解，而不是永遠等別人主動來理解你的專業，讓其他人理解社會工作，這是社會工作者自己的責任。

在解釋自己的專業之前就必須對自己的專業有正確的認識，很多專業都有很高的同質性，如醫師、護理師……等，他們的專業就像是一顆顆的石頭，而醫院的服務就像是一個杯子一般，將

杯子填滿沒有空隙就象徵是圓滿的服務，就是功德圓滿了。在空的杯子當中放依序從大到小的石頭（專業）──醫師、護理師、心理師、職能治療師、物理治療師之後，杯子就沒有空隙了嗎？服務就圓滿了嗎？當然還有空隙，於是最後要加入社會工作這個專業，那麼，這個專業的石頭要多小才不會有空隙呢？細小的沙子可以嗎？答案要讓各位失望了，任何再細小的沙子放進去依舊還是會有空隙，依舊沒有辦法達到沒有空隙的狀態的。

看到這裡，聰明如你應該已經猜出來了，社會工作如果要在最後（通常社會工作也是做善後與收尾的工作的）將服務圓滿完成就不能再將自己視為另外一顆石頭或沙粒，而是必須反向思考，讓自己成為能夠填滿空隙的「水」才行，水沒有自己的形狀，就像社會工作沒有一定的 SOP 一樣，社會工作的方法一向都是根據案主的需求與社會環境的變化而變化的，就如同水一樣，案

主需要我是圓的，那我就是圓的，案主需要我是方的，那我就是方的，如何將其他的專業合宜的連結起來，發揮最大的團隊合作與效率就是社會工作最大的功能與任務，不是社會工作者本身多厲害，而是社會工作者可以協助杯子（案主）找到最厲害最合適的石頭（專業），讓杯子可以填滿與圓滿。

如果你是社會工作者，你找到自己的價值與意義了嗎？

如果你非社會工作者，你稍微了解認識社會工作了嗎？

09 團督

　　團體督導是我擔任督導的過程中最常使用的督導方式，不論是內部督導或是外部督導皆然。

　　團體督導在內部督導的功能當中有不可取代的重要性，因為這是整合內部意見、凝聚共識、確認目標、執行戰術、解決爭議與紛爭……等的重要時刻。

　　每週一次的團體督導會議除了確認行政工作的進度之外，同時也是「整合內部意見」的時候，工作執行的方式與遭遇的困難都應該在團體督導中提出，除了督導的意見之外，其他同仁的經驗與意見都可能是更好的方法，集合大家的智慧更容易想出可行的解決方法。

　　「凝聚共識」在社會工作當中是相當重要

的，社會工作是對人的工作，因此很難有一套不需因地制宜、因人而異的工作方法；同時社會工作很難透過「利益」來規定與強制員工的向心力、工作熱情與機構的認同感，因此，社會工作所依靠的是員工對自己工作的使命感、認同感以及成就感，凝聚共識在這個過程中就扮演了開路先鋒的角色，唯有團隊凝聚足夠的共識，目標才可能一致，過程當中遭遇困難時才能堅定信念、相互扶持，共同達成目標。

「確認目標」是讓團隊成員都有一致的方向與目標，如此團隊才會有戰力，不會像一盤散沙一般，各自為政。團體督導重要的任務就是讓團體成員清楚的瞭解目標，釐清對目標的疑慮，確認團體成員的認知達到一致。讓團體成員有共同的目標與努力的方向，明白「為誰而戰！為何而戰！」

「執行戰術」是團體督導另外一項的行政功能，督導需要有能力進行戰術規劃，但是如何讓

團隊有能力執行戰術就必須透過團體督導的場合才行，因為這幾年社會環境的快速變化，已經讓社會工作者不再可以依靠單打獨鬥就足以解決案主的複雜問題了！社會工作早已進入團隊合作的時代，因此在服務的過程中如何確認每個人的角色，如何進行戰術的執行，如何分工與相互合作都需要在團體督導中完成，如此才可能打贏勝仗！

「解決爭議與紛爭」是讓團隊有戰力的重要方法，團體合作的過程當中難免會出現意見的不同與紛爭。這些爭議與紛爭若不及時處理，或處理不當都會對團隊的合作造成重大的影響，會直接影響團隊工作的成效，嚴重的話會造成團隊的崩解，因此團體督導必須發揮解決爭議與紛爭的功能，督導者必須理性、公正、公開的處理這些紛爭，同時兼顧正面積極的態度處理紛爭，紛爭雖然是團隊的危機，但是通常也可以是轉機，端看督導者如何有智慧的處理紛爭，並且凝聚團隊

更強的共識。

　　除了以上的功能之外，團體督導還有比較節省時間與效益的好處，能夠在社會工作者繁忙的工作之中，有效率的提出問題、思考問題、解決問題，也能夠集合眾人的意見與想法，比較容易讓團隊成員獲得服務的成就感，而成就感經常就是決定社會工作者去留最大的因素。

10 流動

　　前幾天參加台灣社會工作專業人員協會所舉辦的督導培訓交流座談會，討論的過程中觸發了我對社工專業累積的一些想法。

　　回想我的第一份社工員的工作是在一個一人社工的協會，不僅我是唯一一個社工員，同時我還是協會的第一個社工員，當時我剛退伍，也沒有甚麼工作經驗，所以也不太清楚如何做社會工作，因此那三年的時間其實學到比較多的是行政工作的經驗，社工專業的經驗其實很有限，而當我離職的時候，接手的社工員卻還沒出現，所以我根本沒有辦法把經驗交接給新的社工員。不過，即使有交接的人與交接時間，我想能交接的經驗恐怕也是微乎其微的。

在台灣，跟我有同樣經驗的社工員我相信不在少數，像我一樣只有單一社工員的社工被稱為孤星社工，聯合勸募二十年前曾經為了這些孤星社工辦過定期團體督導，當時我就參加過，這樣的團體督導其實對我一個菜鳥社工員來說很有幫助，因為在我的機構當中沒有其他社工同事，也沒有社工督導，所以在專業問題上完全沒有人可以詢問或幫忙。在團體督導當中我才知道別的機構是如何運作的，有哪些是我可以參考的，同時督導也會分享他的工作經驗與心得，並且協助我們處理專業與非專業的各式各樣問題，也會支持社工員，讓我們覺得有困難可以尋求協助、尋求支持，也可以比較有方向去協助個案。

　　後來我到博幼基金會當督導之後就發現原來機構內有督導跟沒有督導其實差異很大，有督導的機構，當社工員有任何問題或疑惑時可以即時尋求協助與解惑，督導也會常常在身邊監督與指導，雖然會有壓力，但是卻可以放心做事，大大

減少新進社工員自行摸索的時間，同時專業成長也相對快速很多。而對機構來說，有督導體系的機構專業經驗比較容易累積，雖然社工員的流動依舊很大，但是沒有督導體系的機構一旦社工員流動，專業經驗幾乎是完全帶走的，而有督導體系的機構卻可以因為有社工督導而將專業經驗留下來，不會隨著社工員的流動而全部帶走。

台灣社會工作專業人員協會從 2010 年開始推社工督導認證制度已經進入第十一年了，敝人很榮幸成為第一位通過社工督導認證的社工督導，雖然截至目前（2018.10）只有 21 位社工督導通過認證（432 人參加），但是我覺得這個認證對台灣的社會工作專業建構非常重要，同時我也希望看到每一個社會福利機構都可以有督導制度，因為專業經驗的累積非常重要，專業經驗無法累積就很難解決日益嚴峻的社會問題，無法有效的解決社會問題就無法發揮社會工作的價值，當社工專業的從業人員都解決不了個案的問題，

那麼這樣的專業還能是專業嗎？

　　台灣的社會工作環境已經日趨成熟，一般社會大眾也越來越認識社會工作，同樣對社工專業的要求也會越來越高，如果社會工作的專業經驗一直跟著社工員的流動而消失，那麼究竟一般的社會大眾與企業為什麼要捐款給社會福利機構呢？所以請大家一起支持社工督導制度的建構吧！

第二章

外展機構的
困境與希望

2010 年開始我負責博幼基金會與其他非營利組織（NPO）合作課輔模式技術轉移協助的業務，博幼基金會稱之為「外展」。合作的單位當中有一部分是安置機構（育幼院），從那時才開始接觸安置機構，在接觸與合作的過程中，我看到很多令我不得不反思的狀況，也讓我思考如何可以更進一步協助安置機構的孩子，因此我對存在的現實狀況提出很多的看法與質疑，也從局外人的角度看到更多的可能性，並且想辦法化不可能為可能，為安置機構的孩子尋找另外一個出口與可能，更企圖在黑暗之中找到一絲光芒，在絕望中看到一點希望。

11 外展

　　2008 年開始陸續有很多想做課業輔導的單
位，得知博幼基金會的課業輔導成效不錯，常會
前往博幼的總部或各縣市中心拜訪，想了解博幼
基金會課輔的具體作法，作爲原先經營課輔修正
的參考或是發展的借鑑。

　　博幼基金會課輔發展數年，針對弱勢學童的
需求逐年推導出一套適合弱勢學童的服務、制
度、教法及教材等，並且逐漸均衡發展英數教
學、社會工作、學習輔導三大領域，分工且合作
地完善一套服務機制來幫助弱勢學童。然而這一
套完整的服務辦法雖能落實在博幼直接服務的縣
市鄉鎮，卻不見得能讓有意願學習的單位能移植
此套制度至各自的課輔班，必須得視單位的目

標、服務對象的需求、現有的資源、組織的編制、社區的文化等等，來斟酌自身運用博幼課輔機制的辦法。在陸續接觸不少單位且得知各單位經營課輔時遇到的眾多問題後，本會認為勢必得另外發展出一套適合合作單位執行的一套課輔模式，讓這些單位在資源有限的情形下，仍能發揮很高的效能來幫助弱勢學童。也因此於 2010 年時，博幼基金會董事長李家同指示博幼基金會發展不同於各課輔中心的課輔模式，並且編制一批專員去適性輔導合作的課輔單位，使之能依著自身單位的情形，客制化出屬於自己的課業輔導班，並給予弱勢學童最大的協助，此業務稱之為──外展。

外展這項業務花了近三年的時間建構，有一套課輔流程與機制。此機制除了博幼課輔的特點外，還視合作單位需求因地制宜地客制化服務內容，以追求最好的課輔成果。其中博幼提供的服務有以下項目：

1. 因地制宜的博幼課輔流程與機制。

2. 穩定的課輔老師增能與訓練。

3. 因材施教的博幼教材。

4. 補助課輔老師的鐘點費。

外展業務發展起始，逐漸的修正與研發，開始獲得各界的肯定。

2011 年，美國台福教會開始委託博幼基金會義務協助台灣的台福教會執行課業輔導計畫，由美國台福教會在美國募款補助台灣的台福教會課業輔導經費，博幼基金會提供免費教材與免費的師資培訓，一起合作協助偏鄉的弱勢兒童。

2012 年，因為監察委員調查教育部的攜手計畫的關係，前內政部兒童局張局長受邀至博幼基金會了解民間單位如何有效的執行課業輔導。因原本就有合作狀況不錯的 3 家安置機構，在李家同董事長的推薦下，與張局長有了一同發展安置機構課業輔導的想法。隔年，在兒童局的牽線下，博幼與社家署合作安置機構課輔人力資源培

育計畫，有 16 家的安置機構開始採用博幼基金會的課輔制度，而且執行成效良好，超乎預期。

2013 年，由紙風車劇團原班人馬成立的快樂學習協會，有感於偏鄉弱勢學童的困境，在拜訪博幼基金會李家同董事長之後，也共商與博幼基金會一起合作，委託博幼基金會協助輔導各地偏鄉的在地教會或團體執行課業輔導方案，希望有更多的弱勢兒童可以有一個讀書的秘密基地。

2015 年，原住民族委員會感於台灣原住民學童學習困難較多、缺乏外來文化刺激、基本知能不足、不易適應學校生活及父母多外出工作等因素，讓原住民學生成為學習弱勢的一群。故委託博幼基金會執行部落補救教學教室專業輔導團隊計畫，期望建立屬於在地的課輔師資和組織運作模式，將課輔的教育理念落實深耕在當地社區中。此計畫的課輔執行人與課輔老師多為部落成員，熟悉部落文化，較能降低文化剝奪與衝突。並且部落成員擔任課師做為學童學習榜樣，也間

接建構原住民學童的自我與信心。

2016 年，合作課輔訪視機構期間發現這些因觸法經法院裁定安置保護的孩子，因為學歷不高、專業技能不足、家庭功能失調、經濟壓力大、支持系統薄弱⋯⋯等因素，離院後多數只能從事門檻較低、風險高但高報酬的工作，重新暴露在高風險當中，甚至誤入歧途，如檳榔攤當檳榔西施、傳播小姐、酒店小姐，甚至回歸舊業（性交易）。即使這些參與課輔的孩子已提升學習上的能力，離開後卻無法守住這過往努力的成就。因此發想，倘若，參與課輔的孩子在經由課輔後英／數能力逐步提升，再結合本會提供培訓課輔老師的強項訓練，未來這些課輔的孩子離院後，是否能夠增加一項課輔老師的求職管道與技能，這對於一個國中畢業生來說或許是一個正當且穩定的工作，同時本會也可以藉由定期培訓（每月一次）這些離院的孩子，定期追蹤與關心孩子的生活、就學、就業⋯⋯等狀況，提供必要

的協助，在孩子身邊多一項協助的資源，協助離院的孩子更有機會適應社會，多陪這些孩子一哩路，這個計畫稱之為「添翼計畫」。迄今（2021.07）接受此服務的安置機構離院生已超過 30 人，除了增加升學意願以及就業的機會外，更是大幅增進添翼學生自我概念的提升，成效卓著。

2017 年，博幼也將社會工作的制度與服務納入輔導合作單位課輔的工作中，協助合作單位建立社工機制，做個案分級、風險評估、處遇策略、資源盤點、連結轉介、家庭服務等。讓對於弱勢學童的服務縱向地從學童深入家庭，橫向地連結、社區、學校等。系統性的整合資源，讓課輔能更穩定。

2018 年，與其中一間合作式中途學校合作社家署課輔方案已逾六、七年，參與的學員雖有進步，然而受限偏鄉地區課輔老師招募困難、夜間的課輔時數不多，能參與課輔的學員僅十之

一二，爲讓更多學員強化基礎英數能力俾利職能課程及就學發展，故發展與機構合作的日間課輔計畫，與該安置機構協調課程，每週安排 18 小時的博幼課程，讓所有學員都參加課輔，因此課輔變成該機構學員的日常，人數也從 3～5 人增加爲 35～40 人。除了英數課程外，也辦理社工團體活動、職涯課程……等，除了協助學員釐清各種價值觀念、了解自己、認識職業與產業……等，也提早對於日後進入職場做準備。除社工的專業人力之外，博幼也編制英文、數學的專業人力，除了經營課輔、授課教學及各類學習活動外，也積極安排訓練，協助課輔老師有充沛的教學知能。

2019 年，發現本會與離院學員間的聯繫，往往在其離院後很容易中斷，追蹤困難，而經縣市政府委託機構安置的離院追蹤輔導僅一年，時間短、提供協助的資源也相當有限；因此，學員在離院後常需獨自面對學習及生活上的困境，更

甚者還會因缺乏資源而致求學、求職受阻。學員遭遇種種經濟、生活、感情、學業、事業等上的問題不利其身心及未來發展，卻未能獲得結構性的協助，無形中增加其離院後繼續落入犯罪與貧窮循環中的可能性。因此，外展發展離院生服務計畫，讓博幼社工提早進入安置機構系統，與安置機構團隊共同準備後續離院後的轉銜問題（包含：家庭系統、社區支持系統、就學計畫、就業準備、自立生活需求，以及後續生涯規劃等），確認需求；在其離院後，透過長期且穩定的追蹤關懷，針對個案需求設定服務方案，提供添翼培訓、就學輔導、就業輔導、家庭親職、人際關係、感情議題、自立生活等 7 大服務面向，協助解決問題困境，幫助個案順利返回社會，回歸正向生活軌道。

截至 2020 年 12 月的外展合作機構總共有52 個，服務的學童數有 972 位，其中主要是社區組織及教會系統佔多數，也有部分為安置機構

及各級學校。範圍遍布台灣本島各縣市，外展的
服務模式讓更多的弱勢兒童受惠，而不受限於博
幼所能服務的範圍。

機構類型	教會	社區組織	安置機構	學校	小計
機構數	13	25	8	5	52
學生人數小計	273	473	123	103	972
學生數__國小	254	349	33	97	733
學生數__國中	19	124	28	6	177
學生數__高中	0	0	62	0	62
課輔老師人數	55	100	26	23	204
添翼計畫人數	0	0	6	0	6
離院生輔導 （不含添翼計畫人數）	0	0	18	0	18

12 困境

屬於母親的日子，一個年輕媽媽的痛苦抉擇

（2014 年）5 月 9 日早上的一則新聞引起我得注意，原來前一天被放在育幼院門口的小女孩的媽媽，因為同居男友的收入不足以養活一家三口，只好將小孩放在育幼院門口，因為媽媽知道育幼院會照顧好小孩，衣食無虞，媽媽知道的原因是媽媽小時候就是在育幼院長大的。

當我在廣播上聽到這位媽媽的背景時，我很難過，我難過的不僅僅是這位媽媽必須在母親節前夕做出這種痛苦的決定。同時更難過的是沒有人去思考，一個在育幼院長大的 22 歲女孩，為什麼沒有足夠的能力養活自己與小孩？為什麼還要面臨如此的困境抉擇？

我們不該去責怪這位年輕媽媽，我們該去思考我們的育幼院有沒有讓小孩出社會後有能力獨立，不需要面臨這種困境的抉擇，因為任何人都不會比這位媽媽高明。至少我認為這位媽媽很愛他的小孩，為了不忍心孩子跟著她受苦，只好忍痛將孩子送走。我看到身為弱勢的無奈，卻也看到母愛的偉大，因為沒有任何一個媽媽喜歡這種抉擇！

　　我是一個社會工作者，去年我們開始跟內政部兒童局（現在的衛福部社家署）合作在安置機構執行課業輔導方案，一開始大家都認為安置機構的孩子學習成就低落、學習動機缺乏、原生家庭帶來太多問題、孩子不喜歡學習等，一大堆的理由都覺得不可能讓安置機構的孩子安靜下來讀書，更何況是放學之後的課業輔導，根本是天方夜譚。

　　但是，這些理由都是由大人口中說出來的，這些大人都是在安置機構中自認為對孩子很瞭解

的工作人員及主管。可是當課輔開始一個月、兩個月、三個月之後，慢慢的孩子似乎沒有那麼抗拒，也沒有那麼不喜歡學習，開始慢慢看見孩子們不再視學習為畏途，不再避之唯恐不及了！

在慢慢進步之後，孩子漸漸發現原來他是可以學習，也是可以進步的，漸漸在學習中找到從來沒有的成就感與挑戰成功的快樂感。慢慢的對自己的期待越來越高，連帶的也開始修正自己的行為，因為現在可以透過學習這件事情得到成就感，自然就不需要再用負面的行為去吸引別人的注意與關心了。

今年，我們要在安置機構執行一項新的計畫，這項計畫的發想是因為有一個專收法院轉介的安置機構，孩子在參加課輔之後進步神速，如何神速呢？那就是在 4 個月之內英文從 ABC 大小寫學到國中 2 年級的程度，而且這樣的學生不只一個。但是這樣的學生只有國中學歷，因為原本成績太差沒有機會念高中職，離開安置機構之

後幾乎找不到一份正當而穩定的工作，養活自己和家人。

　　這些孩子離開安置機構之後就必須完全靠自己。但是，沒有學歷與技能的現實狀況，讓孩子很容易落入貧窮與犯罪的困境抉擇，同時因為成長過程缺乏愛，他們很容易早婚，也容易很早生小孩，也很容易離婚。接下來就跟上面那位媽媽的情況很類似，一直不斷重覆同樣的狀況。試問，這樣的狀況應該一直出現嗎？如果覺得不應該，我們就應該採取行動，而我們今年就開始採取行動了。

　　　　　　　　　　NPOst 公益交流站 2014/06/27

13 返家

安置機構的孩子，為什麼始終無法返家？

第一次聽到「返家」是在 6 年前（2008 年），在一家安置機構開會時聽到這個名詞。當時覺得這個詞用得很特殊，很不自然，回家就回家嘛！為何要說「返家」呢？

直到 2 年前在安置機構的訪視過程中，「返家」這件事情還一直出現在我腦海裡，促使我想弄清楚究竟安置機構的孩子何時可以返家？誰在協助孩子返家？孩子如何才能返家？等一連串的問題。

目前我所知道的是，台灣安置的孩子數量一直再創新高，安置機構的床位一直在增加，多數孩子都是等到自立計畫之後才能離開安置機構。

而且很多孩子離開安置機構之後是在外獨立生活，而不是回到原生家庭中。這樣的狀況存在已久，雖然如此，我還是不禁要問：「這種情況應該嗎？」

當初在決定將孩子帶離功能不佳的原生家庭時，用意是希望孩子的原生家庭可以有時間恢復家庭功能，屆時再接孩子回家？還是一開始就打算將孩子安置在機構內，直到他成年後自立？我想官方說法一定是前者，如果社工師考試出這一題，絕對不能寫後者。但是，我在接觸安置機構的過程中，活生生看到一幕又一幕的人生悲劇，這個悲劇包含了生離與死別——將孩子帶離原生家庭就是生離，而很多家長（尤其是祖父母）根本等不到孩子成年就已經撒手人寰，這不是死別，什麼是死別呢？很多孩子成年後，也已經沒有家可以回了，人一生中，還有什麼比沒有家可以回更可怕呢？

我們應該問，為什麼孩子回不了家？是誰讓

孩子回不了家？是因為我們的社會福利系統並沒有在將孩子帶離原生家庭後，積極的重建與恢復原生家庭的功能。因此，原生家庭當然不會因為孩子被帶走後就恢復家庭功能，孩子回家的路自然遙遙無期。

究竟我們將孩子帶離原生家庭後，一直讓孩子住在安置機構直到成年，而不努力重建與恢復原生家庭的功能，這樣的做法合乎倫理嗎？試想如果你是被安置的小孩，你會不會希望有一天你的家庭可以恢復功能，家人來接你回家呢？你會不會希望有一天可以抱著父母入睡呢？光是這件事就不是任何一隻填充娃娃或任何人所能取代的。

當我們在安置小孩的時候，可曾想過他再也不能抱著父母入睡，且大部分孩子一生中都不再有機會抱著父母入睡。想到這樣的情境，我們怎麼還忍心讓孩子在育幼院長大，而不是在父母的懷裡長大呢？我們怎們能夠不想盡辦法協助原生

家庭重建與恢復功能，讓孩子可以早日回家呢？

目前就我所知，幾乎沒有人有系統的在重建與恢復原生家庭功能，政府單位只告訴安置機構，這件事情應該做，卻沒有提供人力物力。就像要上戰場打仗，只告訴你敵人在哪裡，卻沒有給士兵，也沒有給糧草，就要你去打仗，你打得贏嗎？在這裡我要說句電影《投名狀》中，李連杰的一句臺詞：「給我兵，給我糧，我打勝仗給你！」

雖然，政府機關的政策總是最慢才會出現，但我覺得我們既然看到問題，也覺得這個問題是關鍵，更覺得這個問題應該有人去做，那就從我們自己開始吧！與其等待政府做出新政策，不如民間單位先合力做出一套有系統且可行的原生家庭重建與恢復功能出來，再來影響政府政策，這樣反而更容易成功，也更有效率解決問題，也不必受制於政府了。

台灣的民間社會福利單位經過這十幾年政府

委託案的摧殘後，很多單位已經忘了自己機構當初成立的宗旨了，只是跟著政策經費走，最後走到死胡同。社會福利服務需要長時間持續不斷的經營與改進，才能達到效果，但是，只要跟著政府經費移動，就會失去機構的使命與自主性。更可怕的是，民間社會福利單位本來應該扮演監督政府單位，這樣的角色也消失了，並且也無法成為政策的先行者，這恐怕是台灣目前社會福利單位所面臨的最大危機吧！

安置機構應該思考如何協助孩子「回家」，回到一個有功能的家。因為，安置機構的工作人員不管如何愛孩子，終究不是孩子的父母。父母的地位是無可取代的，在自己的父母身邊長大，抱著父母入睡，才是對孩子人格發展最適合的方式。

NPOst 公益交流站 2016/07/15

14 家人

用積極努力的社會工作，留住那些離開安置的孩子

　　我的指導教授說過一個故事，對我衝擊很大，也深深影響我的想法與思維，同時更讓我對兒少安置機構的服務有另一種層次的認知與想法。

　　有天上課時，教授說有一個從安置機構離院的少年，他沒有家人了，離院之後只能自己孤單一人租房子生活。然而，他還是很認眞的讀書與學技藝，但是因爲學業基礎不好，經過很長一段時間的努力，才終於考取一項重要的證照。拿到證照之後，這孩子很興奮的騎著摩托車回到他曾經住了很多年的「家」（安置機構），希望跟

「家人」分享他辛苦的成果，這是他人生中第一個重要的成功經驗，而在這個重要的時刻，他唯一想分享好消息的人，就是曾經在安置機構照顧過他的老師們，或者應該說，這些老師更像是他的「家人」。

很不幸的是，當他回到多年前曾經視為「家」的安置機構時，愕然發現竟已沒有一位工作人員是他認識的。後來他便離開了安置機構，隔天，竟然就自殺了！

這是一個很悲傷的故事，但是它真的在台灣發生過。聽到這個故事讓我很衝擊，結局不應該是這樣。這個故事裡沒有一個壞人，孩子卻在最後自殺了，因為在這個世上已經沒有人「在意」與「在乎」他了。

這件事情影響了我對安置機構孩子的看法與想法，也影響了後來博幼基金會與衛福部社家署在安置機構中推展課業輔導方案的做法。在執行的過程中，我努力從「人」的角度去看服務究竟

缺乏什麼，而避免從方案執行的角度去切割服務，因為我們在面對的是活生生的另一個生命。這個生命有權利被當作「人」來看待，而不是用各種分類來切割對這個人的服務。

　　有了這樣的想法與認知，我們在安置機構的課輔方案中發展出「添翼計畫」，持續輔導與追蹤特殊安置機構中，有參加課業輔導的孩子，繼續協助這些孩子就學就業，不受公部門「孩子離院後只追蹤一年」的限制，而這些長期的後續追蹤，便由博幼基金會負責。

　　當然，一開始人數不多，也沒有專職的社工可以協助這些孩子處理生活、經濟甚至感情層面各式各樣的問題，一開始只有外展的英文、數學專員協助孩子學業上的問題。但是，很快的我發現，沒有社工的介入與協助根本不夠，無法解決這些大孩子所面臨的、五花八門的問題。因此，經過 3 年的倡導，我們終於在去年年底爭取到外展社工員，同時也將追蹤的範圍擴大，持續輔導

這些離院的小孩就學與就業。

安置機構標榜是「被安置孩子的第 2 個家」，既然是「家」，我們就希望它（或說社會也期待它）能有家的功能，家裡有家人，家人會在重要節日打電話告訴孩子「該回家看看家人」，家人也會去參加小孩的重要日子，如入學報到、畢業典禮，也會告訴孩子「任何時刻都可以回家，家裡隨時都會有人幫你開門」，回到家永遠有東西可吃，也有家人傾聽孩子的喜怒哀樂，孩子也可以分享快樂、夢想、痛苦、徬徨、悲傷、憤怒等所有情緒，家人也會提供支持、分析、建議等，不管孩子幾歲，家人永遠都會關心與陪伴，這是我們期望中的「家」。

當然，安置機構的工作人員會離職，人員會異動，但如果有定期追蹤，孩子也常常回到機構，那麼人員的異動就可以透過落實追蹤制度來克服，讓新的工作人員積極主動的與孩子們建立關係。社會工作需要積極思考怎麼做對孩子更

好、更有幫助，而不能只是消極的遵循規定與規範。消極的做法根本不配叫社會工作，只是在混時間而已，有多少孩子的人生就在消極的作為中犧牲了。

在華人的家庭觀中，父母與家人會覺得幾歲的孩子已經不用再擔心、不用再聯絡、不用在過年過節或放假時叫孩子回家呢？恐怕一輩子都會將孩子放在心上吧。從這個角度思考，就可以知道到底值不值得、應不應該長期追蹤離開安置機構的孩子，也會知道其實不必再問到底要追蹤到幾歲了。

發生過的事情，我們無力改變，卻可以讓我們引以為戒。希望不幸的故事永遠不要再發生，而我們─社會工作─是阻止悲劇再次發生的關鍵，讓我們一起積極努力的做社會工作吧！

NPOst 公益交流站 2018/05/02

15 意願

讓孩子感到成就感，成績自然就進步了

究竟是沒有學習意願造成成績落後？還是成績落後所以沒有學習意願？

安置機構中最常聽到大人說：孩子沒有學習意願，所以成績才會落後。可是從事弱勢學童補救教學的 11 年，我不斷地發現與印證，學習意願並不是成績落後的原因，而是成績落後的結果。

三年前（2011 年），當博幼基金會與一個大部分都是法院轉介安置的機構合作，我看到了機構內的孩子每一個幾乎都沒有學習意願，主任跟我說孩子到學校上課只要不鬧事就是表現優良了，即使他是在睡覺也算。而即使如此要求簡單，也

還有將近一半的孩子無法適應學校上課，必須留在機構上課（雖然整個學校都是機構的學生）。

　　剛開始課輔時，很擔心學生的程度很差（平均落後超過五個學年以上），學習意願低落，因此採用小班 1 對 2，但是很快地發現 1 對 2 不行，必須 1 對 1。因為 2 個學生一起上課，其中 1 個孩子學會了，另外 1 個就翻臉了，所以根本不能一起上課。而且孩子都沒有學習意願，不想上課就想盡辦法鬧情緒、激怒老師、不配合老師等……招式盡出。而機構的工作人員就利用獎勵與懲罰的「兩手策略」讓孩子知道機構的決心，因為機構的主任與社工組長非常「相信」一件事情，那就是這些孩子將來要獨立生活，必須要有基本能力，而現在課業輔導恐怕是最後一個機會了！所以機構從上至下都非常堅持課輔這件事情，而大人的堅持也很明確的讓孩子感受到，所以不論還如何鬧情緒、如何激怒老師、如何不配合，都無法改變機構課輔的決心。

其中有個國中生很不喜歡讀書，老師只好讓他體驗勞力工作——徒手拔草。拔了一陣子，孩子就發現出賣勞力似乎沒有想像中簡單，在大太陽底下曬好幾個小時並非輕鬆愉快的事情。於是這個孩子體驗之後，就認命地開始拿起課本讀書，從最簡單的開始學起。同時英文與數學測驗合格，還可以獲得李家同董事長的親筆簽名證書，更是讓這個從來沒有在學校拿過獎狀的孩子受到莫大鼓勵，於是又更增強孩子的學習動機了。

　　慢慢地，半年過去了，大人的相信漸漸地發生了質變。開始孩子發現一件奇怪的事情，那就是課輔老師慢慢教、教得簡單，並且符合孩子程度，孩子發現自己原來可以學會、原來是可以進步。這樣的學習經驗與之前迥然不同，但是它確確實實的在自己身上出現，讓孩子不得不信！以前這些事情都是發生在別人身上，但是這次不一樣了，讓人不得不信了！

當孩子開始進步，學業成就開始提升，學習意願開始增強。當孩子發現自己可以輕鬆達成目標，並且可以獲得很多獎勵（有口頭的與物質的），意願就更強烈，進步就更快。當孩子的重心放在如何挑戰與通過更難的課程，偏差行為與負面思考的時間自然也就減少，行為自然就會開始產生變化。增強正向行為，負向行為自然會減少，就是這個道理。

　　從這件事情不難理解意願與程度的關係，一個程度不好的孩子上課都聽不懂，如何維持很高的學習意願呢？而學校的課程並不會因為孩子的程度不好，就變更符合學生程度的教材，孩子自然就沒有學習意願。如果想要提升落後孩子的學習意願，就必須教導孩子符合程度的課程，而不能再依照學校的進度教學，這也就是孔老夫子所說的因材施教。

　　所以當我們面對沒有學習意願且程度落後的孩子，我們該想想孩子的程度在哪裡？應該從哪

裡開始學？如何用孩子學得會的方法教孩子？而不是一天到晚將成績不好歸咎於孩子的學習意願低落，這是很不負責任的說法！孩子的學習意願從來都不是「因」，而是「果」。沒有辦法提升孩子的學習意願該檢討的是老師，而不是這些孩子。

我們倒不必過份強調孩子的功課是否非常好，而是應該強調他已經學會了哪一個科目。舉例來說，假設他學會了正負數的運算，我們博幼基金會就會給他一個證明，說他已經學會了正負數的運算。很多人認為這是很奇怪的事，因為正負數的運算有什麼了不起。可是很多孩子就是因為不會正負數的運算，而完全不會做代數的題目。我們這種做法使得很多小朋友得到相當大的鼓勵，而這種鼓勵在別的地方是得不到的。

NPOst 公益交流站 2014/08/07

16 夢想

課輔的意義：關心孩子的過去、現在、未來與夢想，最後才是功課做完了沒

前 2 天到臺東舉辦外展東區的教育訓練，這一趟臺東行很匆促，但是也在又一次的分享中，爬梳我自己對課業輔導的想法與看法。

「外展」指的是跟博幼基金會合作的課輔單位，這些單位有教會、安置機構（育幼院）、民間團體（協會）以及學校。凡是認同博幼基金會課業輔導的單位都可以跟博幼基金會聯絡，我們會派專人到機構去拜訪，洽談合作，同時會提供免費的教材使用，也會提供免費的教育訓練，也會將博幼的課輔經驗無償且不藏私的分享給願意跟我們一起幫助弱勢學童課業輔導的機構。我們

的服務是到府服務，每個月專員會到外展合作機構去培訓機構的老師，並且是長期的培訓，不是1、2個月，也不是只有1、2年，而是合作多久就會培訓多久。

同時也會進行課輔檢討會議，檢討的範圍從教學到課輔的管理與經營，一直到學童、家庭、學校及社區等問題的討論與處遇，全面性的來看弱勢學童的各個層面問題，多管齊下尋找讓弱勢學童及其家庭發展更好的方法，與在地的外展合作機構（不論是教會、安置機構、民間團體，甚至學校）一起合作共同協助弱勢學童，讓他們在課後與寒暑假有一個可以固定用功讀書的地方，那裡的老師會關心這些弱勢的孩子回家有沒有吃飯？有沒有被打？有沒有熱水可以洗澡？有沒有乾淨合身又合腳的衣服鞋子可穿？在學校有沒有被同學欺負？學校作業會不會寫？最後才是功課有沒有進步。

課業輔導最重要的是對一個人過去、現在與

未來的關心，關心弱勢孩子的過去，理解孩子成長的脈絡與經驗，了解孩子之所以成為現在的樣子是來自於什麼樣的經歷，以及他們多麼努力與辛苦的在過生活，以避免對孩子產生誤解；關心孩子的現在是為了了解他們目前的能力與狀況，從中發現孩子的優勢與劣勢，找到孩子的起點行為，一如課業輔導一開始要先做前測、了解孩子的程度，評估孩子現有的能力與優勢才能協助孩子適當的成長與進步。至於關心孩子的未來，則是協助孩子去發展夢想的重要關鍵，很多弱勢孩子經常呈現兩極化，不是沒有夢想，就是夢想很偉大，偉大到在台灣幾乎沒有人可以達成，而這2 種狀況我認為都不見得是太好的事。

沒有夢想就沒有目標，沒有目標就沒有動力，沒有動力做什麼事都提不起勁，對自己的期待與價值就容易降低。如此碰到挫折時，就容易產生逃避或自暴自棄的結果，這種例子很多，我想不需要贅述。

那麼，夢想太偉大不好嗎？當然好，但是當孩子說出偉大的夢想時，他真的覺得自己做得到嗎？他知道怎麼樣才能做到嗎？他認為自己有能力做到嗎？無論碰到多大的困難與挫折，他都不會放棄嗎？如果這些答案都是肯定的，這個偉大的夢想就有機會可以實現，這樣的孩子也不太需要擔心。但就我所見到的，說出偉大夢想的孩子大部分上述答案都是否定的，這如何能叫人放心呢？

記得有一次我跟一群青少年聊他們未來想從事的工作，那是一個專收 12～18 歲青少年的安置機構，有一半的孩子是由法院裁定安置的，另外一半是縣市政府社會處（局）安置的孩子。

一開始我問每個孩子未來夢想的工作是什麼，有超過一半的孩子說他們要當太空人，我們就花了很多時間聊在台灣現在 12～18 歲的青少年如何成為一個太空人。聊完之後，我再向大家問一次未來想從事的工作，太空人已經沒有人選

了，大部分的孩子都大概找到自己覺得能力所及的工作目標。

從頭到尾我並沒有否定太空人這項職業，也沒有認為孩子做不到，我只是把成為太空人需要的條件與方法，大概與孩子分享一下，同時也跟孩子一起尋找他們的優勢能力與特質，這些優勢能力與特質適合做什麼、不適合做什麼，同時應該加強自己哪一方面的能力等。

其中有一位我印象很深的孩子，大概 14、15 歲，從我開始講話到談及他的特質之前一直在插嘴、一直在說話，幾乎沒有停過，好幾次機構的老師與同學都制止他，他停了 10 秒又繼續插嘴，其他同學已經快被惹毛了，老師也對我表示抱歉，說這個孩子就是這樣，非常喜歡講話，而且停不下來。

直到後來，我開始跟他對話，在他講完自己的未來方向之後，到課程結束至少有 30 分鐘，他終於一句話都沒說，只是靜靜的聽我跟其他孩

子討論。猜猜看我跟孩子說了什麼，能讓他安靜下來？罵他嗎？不是，罵他的人多的是，我沒有比別人更會罵他；恐嚇他嗎？不是，他應該從小被恐嚇的次數比吃飯的次數更多吧！求他嗎？更不是，我這輩子最討厭的就是求別人，所以不可能！那麼究竟是說了什麼呢？

輪到他的時候，我第一句話說：「○○○，我覺得你的口才很好呢！」不僅是他，其他人都被我嚇了一大跳。他的眼睛瞪得超大，非常震驚！好像不相信自己的耳朵一樣，非常有趣。我接著問大家，他說話的時候是不是很快、很溜，又不會打結，反應也超快？沒有人否認，於是我就問大家，這樣不是口才好，那什麼是口才好呢？有同學不服氣的說，他都講一些有的沒有的，很愛講話，又愛亂罵人，也會取笑別人，還會狡辯！我聽完之後說：「嗯！不僅口才好，腦袋也靈活，而且邏輯清楚，真是不可多得的人才啊！」聽完我的話，那個孩子不僅瞪大眼，連嘴

巴都打開了，一副我在說的人根本不存在一般。那個畫面我永遠記得！

　　我接著分析了一下他的優勢能力，與將來可能從事的工作範圍與方向，最後，我加了一個但書，這個但書是成功的關鍵，那就是雖然他的口才很好，思緒調理很清楚，反應極快，有諸多優點，但是這樣還不夠。如果他可以加強自我控制的能力與增加說話的內涵，就有機會成為一位非常優秀人才。

　　這個孩子就很積極的問我：「那要怎麼控制自己與增加內涵呢？」我只告訴他，控制自己就從「不講不該說的話」開始，訓練自己說話說重點，盡量不說廢話；另外，想增加說話的內涵，可以多去讀自己有興趣的書（他的興趣是歷史）。我鼓勵他多去看與歷史有關的書，多了解一下歷史故事，跟別人講話的時候才能引經據典，才會有內涵。這時孩子的眼睛發亮了，他露出彷彿在茫茫大海載浮載沉時，看到一座燈塔般

的眼神，直到結束前，他都沒有再說話了。

　　隔了幾天，安置機構的老師托外展專員告訴我，那一天傍晚所有課程結束之後，那個孩子自己一個人跑到圖書館看書。這是那孩子第一次自己去圖書館看書，老師都快哭出來了，覺得頑石終於也有機會點頭了。雖然這個孩子未來的路依舊很崎嶇，難關依舊不會減少，挑戰依舊不會容易，但是，至少孩子已經有了一個方向與目標，知道自己可以做什麼，知道自己的優勢在哪裡，知道自己需要加強的是什麼，可以朝著目標大步與大膽的邁進。

　　這不是所有弱勢孩子都應該得到的嗎？我們難道不該協助他們找到方向與目標嗎？

　　　　　　　NPOst 公益交流站 2018/03/28

17 仲介

　　如果你是房屋仲介，你會想要怎麼賣房子？

　　2018 年的上半年，我到一個安置機構去帶 12 ～ 18 歲的一群少女做職業探索的團體，在過程中有一段插曲讓我印象深刻，也更讓我堅定釐清認知的重要性與必要性，而這個插曲的引爆點就是「如果你是房屋仲介，你會想要怎麼賣房子？」這句話開始的。

　　小君是因為觸犯性剝削防制條例而被安置的少女，長相平凡，丹鳳眼，皮膚白皙，走在路上是很容易被忽略的少女，與一般高中職學生無異，身上唯一比較特別的地方是右手前臂有一串長達 20 公分的符號刺青，刺青上的符號我不認得，而對於刺青我沒有特殊的喜好或厭惡，因此

也沒有仔細看。在同伴的眼中，小君是個反應靈敏，邏輯清楚，口才很好，很會說服別人的少女，說起話來頭頭是道，口若懸河，黑的都可以說成白的，很容易跟陌生人套關係打交道，完全不怕生，說話充滿自信。小君似乎也對自己的口才很有信心，頗為得意。

當時我們討論到每個人適合從事的職業時，有自己認為自己適合的職業，也要寫自己認為同組成員適合的職業，當討論到小君適合的職業時，多數人都覺得房屋仲介可能是個不錯的選擇，於是我就詢問小君：「如果你是房屋仲介，你會想要怎麼賣房子？」小君的回答著實讓我嚇得盜出一身冷汗，他回答我她會先去找有錢人來買房子（一開始鎖定的方向看起來是對的），但是接下來他卻說：「找到有錢人想要買房子之後連我（小君）一起賣。」一開始我以為他是開玩笑的，但是當我跟她確認之後我才意識到原來她是認真的。因為她一連跟我說了三遍要連自己一起

賣給有錢人，雖然我太驚訝了，但是我總覺得事情不是這麼簡單，這其中一定有文章在裏頭，於是我故作鎮定慢慢思索如何釐清小君的價值觀。

首先，我先確認小君是否清楚房屋仲介的工作內容爲何？買賣房子的仲介費用是如何收取與計算的，果不其然，小君雖然知道房屋仲介的大致工作內容，也大概知道有仲介費用，但是當我告訴她仲介費是 2 ～ 4% 時小君是完全沒有概念的，因爲 2 ～ 4% 聽起來很少，但是等到我以她的居住城市房價爲基數算出仲介費用之後，她才露出驚訝的表情，因爲原來一棟一千萬的房子仲介費竟然是 20 ～ 40 萬新台幣，可是這時她還是認爲要連自己一起賣，一直等到我們討論依照小君的口才多久可以賣出一棟房子時（討論的結果絕大多數同學都覺得三個月賣一棟已經是最差的狀況了），小君還是沒有意識到一年可以賺多少錢，等到我把三個月賣一棟平均一千萬房子的一年仲介費算出來之後，我再問她如果妳一年自己

就可以賺 80 ～ 160 萬，妳還需要連自己也一起賣嗎？這時小君才意識到好像已經沒有這個必要了，而我這時才鬆了一口氣。

如果我在聽到小君要連自己一起賣掉三次之前，我就以爲她是眞的想把自己賣掉的話，我會不會就做了錯誤的專業判斷與評估呢？而我也在反思到底有多少像我一樣的助人者並沒有眞正去理解案主的明白呢？會不會我們都自以爲已經理解了案主的想法與價值觀，但是，其實是因爲案主有某些或部分的資訊誤解、不了解，甚至缺乏而不自知，因此做出或說出並非本意的決定或價值觀念呢？若是這樣的狀況發生，是誰應該協助案主釐清呢？是誰有能力協助案主釐清呢？

所以當你問：「如果你是房屋仲介，你會想要怎麼賣房子？」當案主回答「賣房子連自己一起賣」時，你所能想到的就是案主的價值觀是偏差的嗎？還是你應該意識到釐清雙方的認知是否有差距呢？

18 終於

　　苦撐一年，我們終於證明育幼院的孩子也能拿到縣長獎！

　　「副執行長，一年了，我今天『終於』相信你說的話了！」這是二年前，第三次與修女見面時，修女手中拿著院童的學校成績，見到我的第一句話。

　　三年前（2011 年）我第一次與修女見面，修女非常挫折的告訴我，雖然同樣位於偏鄉，但育幼院的院童成績依舊比大部分當地學校的學生差。來自台北市的她（修女）不知如何提昇院童程度，因為院童幾乎沒有程度可言，同時也沒有學習意願。修女得知博幼基金會可以協助機構舉辦課業輔導——補救教學，而且完全免費，因此

就聯繫基金會希望可以合作，於是我就到了位在偏遠原住民鄉的安置機構。修女告訴我，孩子在學校的成績普遍跟不上，孩子在學校的各項表現也都不是很好，尤其是經常會有行為與情緒的問題需要處理，因此，學校也不是很喜歡機構的孩子。

　　洽談合作時，我一再強調博幼的課業輔導是補救教學，因此，短期之內通常看不到效果（學校月考），尤其程度越差的學生越是如此。因此修女要有心理準備，一年之內，孩子在學校的月考不會進步，甚至會退步。同時，會有一大堆人來質疑妳，甚至孩子都會質疑。這些狀況一定會發生，修女要撐住，撐過一年之後，才會看到明顯的效果，這一年就是潛伏期，潛伏期必須撐過才會有爆發期。修女聽完之後，非常輕鬆的表示清楚與了解，但是我看完修女輕鬆的表情之後，我的心情卻是很不輕鬆，因為我擔心事情並不會如修女預期的順利。

一個半月後，我就接到外展專員的電話，因為第一次月考成績出來了，國小的老師到機構找修女，企圖了解機構的孩子怎麼了？為什麼修女跟老師說開始做課輔，但是月考出來每一個學生都退步了，到底是在課輔什麼？一點效果都沒有就算了，學生還退步，真是太誇張了。這時修女就緊張了，趕快打電話給專員詢問怎麼回事？專員花了一番唇舌說明之後，才讓修女稍微放心。

　　再過一個半月，我又接到專員的電話，因為第二次月考成績出來了，這次是國中的老師去拜訪修女了，也是想了解到底機構的孩子怎麼回事？怎麼成績一直退步，到底課輔是在上課還是在玩遊戲，到底是哪些老師在教，這些沒有大學畢業，沒有受過師資培育，也沒有教師證的老師到底會不會教呢？看來是有極大的問題。面對如此強大且完全合理的質疑與壓力，別說是修女，我想任何一個人都很難抵擋，於是修女又再度打電話給專員，專員還是耐心地向修女說明，並且

鼓勵修女繼續撐下去，因為一年還沒到，當初副執行長就說過，一定會有很多的困難與挫折，同時會有很多質疑，這些都一一應驗了。

　　就這樣來來回回很多次，第一學期結束時，我再度去拜訪修女，再次跟修女溝通這段潛伏期的重要與不可間斷，因為一旦中途放棄，就前功盡棄了。俗話說：「冰凍三尺，非一日之寒！」孩子程度的落後並不是一天造成，所以怎麼可能在很短的時間之內就完全解決呢？

　　這讓我想起之前有位國小校長就曾經跟我說過，他說開始做課輔之後沒多久，學校老師就質疑課輔沒有效果。校長就跟老師說，講話要公平一點，我們（學校老師）也不想想學生在我們手上都幾年了，我們都沒有辦法把他們的程度拉起來，結果別人才做二、三個月，就要求別人做到我們好幾年都做不到的事情，這樣合理嗎？我將這番話分享給修女，修女就有信心繼續堅持下去，雖然我看得出來她還是有點擔心，但是，我

想應該不會有太大的問題了。

第二學期結束前，我第三次到機構拜訪修女，這次修女一看到我就笑咪咪，跟前一次憂愁的表情差異很大，修女除了跟我說「副執行長，一年了，我到了今天，『終於』相信你說的話了！」這段話之外，她還很驕傲地跟我說，機構的孩子今年拿到學校的「縣長獎」，這是第一次機構的孩子拿到學校的縣長獎，大家都好高興，非常以孩子為榮，而且孩子成績變好之後，行為與情緒也開始改變了，學校老師也開始對機構的孩子印象改觀了，機構的孩子開始可以跟好學生劃上等號了。

今年5月我又再次拜訪修女，修女說今年他們「又」拿到縣長獎了，已經連續第三年了，我想這件事情應該會變成這個機構的傳統，而這樣的傳統會讓機構的孩子視為理所當然，而這樣的理所當然是我們努力的方向。因為對於身為社會工作者的我來說，我們「終於」找到並且證明安

置機構的孩子，絕對有能力與機會脫離貧窮與犯罪。

NPOst 公益交流站 2014/09/11

19 添翼

　　離開機構的孩子，找不到好工作怎麼辦？博幼基金會的「添翼計畫」培訓他們成為課輔老師

　　財團法人博幼社會福利基金會（以下簡稱博幼基金會）從 2003 年 1 月開始在南投縣埔里鎮與信義鄉提供弱勢學童免費「課業輔導」，今年（2015 年）已經進入第 12 年。從原本 1 個縣市，2 個中心；逐步拓展至 7 個縣市，11 個中心。

　　博幼基金會可能是台灣第一個只以課業輔導為主要服務項目的基金會，課業輔導的服務方案，很多人乍看之下都認為與社會工作沒有太大關聯，反而都認為是與教學比較有關係，但是博幼基金會又是一個社會福利機構，社工員是服務輸送的第一線，扮演著處遇服務品質和效能的關

鍵性角色。

強調本會的課業輔導方案是因為有別於其他機構的安親課輔，本會的課業輔導是架構在社會工作的基礎之上，透過社工與教學二種專業的結合，引導弱勢學童正確的價值觀與行為，並同時提升其將來面對社會的競爭力，雙管齊下的效果比單一效果來得好，同時社工與教學二種專業缺一不可。

本會從 2010 年開始即由本人開始負責輔導其他機構執行課輔方案，截至 2014 年 3 月已有 50 個機構與本會合作，由本會外展部門負責輔導與培訓。2013 年兒童局（現改為衛福部社家署）更主動委託本會協助安置機構院童的課業輔導，自 2013 年 4 月開始 16 家安置機構學童的課輔方案推動。

實施初期，多數安置機構的主管與承辦人員皆認為實施的難度很高，一開始大家都認為安置機構的孩子學習成就低落、學習動機缺乏、原生

家庭帶來太多問題、孩子不喜歡學習……等一大堆的理由覺得不可能讓安置機構的孩子安靜下來讀書，更何況是放學之後的課業輔導，根本是天方夜譚！

但是，這些理由都是由大人的口中說出來的，這些大人都是在安置機構中，自認為對孩子很瞭解的工作人員及主管。可是當課輔開始一個月，兩個月，三個月之後，慢慢的孩子似乎並沒有那麼抗拒，也沒有那麼不喜歡學習，開始慢慢看見孩子對學習這件事情不再視為畏途，不再避之唯恐不及了！

在慢慢進步之後，孩子漸漸發現原來他是可以學習、也是可以進步，漸漸在學習當中找到從來沒有的成就感與挑戰成功的快樂感。慢慢對自己的期待越來越高，連帶也開始修正自己的行為，因為現在可以透過學習這件事情得到成就感，自然就不需要再從負面的行為去吸引別人的注意與關心了。

課輔執行半年（2013.07 ～ 2013.12）之後，結果超乎預期的好，尤其是 2 家專收法院個案的公立安置機構更是跌破所有人的眼鏡，短短不到半年，不只一個學生的英文程度，從只會 ABC 大小寫學到國中二年級。以課輔難度來說，這 2 家安置機構絕對首屈一指，但是成效卻是出奇的好。

　　在一次的訪視會議當中，我詢問輔導科科長，該機構院童離院之後多數都從事哪些行業？該機構多數院童離院已屆滿 18 歲，但多數只有國中學歷，家庭功能大多也都不好；因此科長回答，多數都是到檳榔攤當檳榔西施，或是重操舊業，未來都不是太樂觀，但是機構也無能為力。

　　當時，我覺得這樣好像不太對，好不容易輔導了一段時間，很多孩子都正常生活了，但是離院之後卻沒有辦法再協助這些孩子走上正途，這不是會前功盡棄嗎？

　　忽然我的腦袋靈光一閃，出現了一個念頭

——如果這些孩子願意給博幼基金會及自己一個機會，那為什麼我們不訓練這些孩子來當課輔老師呢？

反正課輔老師一直都很缺，不管是在本會自己的 11 個中心，或是外展合作的 50 個機構皆然。尤其本會有月薪制的課輔老師制度，雖然薪水不高，但是至少也有固定的薪水，這對於一個國中畢業生來說是一個正當且穩定的工作。而且培訓課輔老師本來就是我們的強項，就算是偏遠的原住民部落，我們都可以把 40、50 歲的部落媽媽培訓成課輔老師，更何況是 18 歲的少女呢！只要孩子願意就沒有問題。

當我說出這個想法的時候，我看到科長的眼睛亮了起來。她說，從來沒有想過機構內的孩子可以有這樣的發展機會，在此之前都只能對孩子的未來充滿憂心與無力，工作充滿了挫折與無力感。當這個想法出現時，就像大海當中出現一根浮木般的令人振奮！

科長說：「這個想法真是太棒了！我從來沒想過這裡的孩子還可以有這樣的未來呢！」

2014 年 4 月我到機構向孩子說明這項培訓計畫，也讓機構的工作人員明白可以一起協助孩子。原本我有點擔心孩子的反應，不曉得對他們會不會完全沒有吸引力。但是在沒有多久之後，我就發現是我多慮了；在說明的過程中發現，孩子聚精會神地聽著解說，當我說到培訓、工作與薪資的時候，我真實的看到有很多孩子的眼睛亮了起來。

這讓我對這項計畫更具信心，若這項計畫不能打動孩子，那就根本不可能成功。但是孩子的眼神給了我最好的答案，這是孩子也想要的，不只是大人想要的而已！

這是一個新的想法與嘗試，從 2013 年 11 月開始，已有院童開始接受課輔老師培訓。我相信這 2 個安置機構如果能有成功案例，絕對會讓所有人對安置機構院童的將來更有信心，而我也相

信這個過程對參與其中的院童來說，絕對會有不一樣的歷程與意義。

　　這些孩子原本都是天使，但在成長的過程中不幸成了折翼的天使，因此我們需要幫助他們重新獲得新的翅膀，才能重新展翅高飛，飛向新的人生，因此我將這個計畫的取名為「添翼計畫」。

NPOst 公益交流站 2014/07/15

20 72％

72％代表甚麼意義呢？

最近我收到一封信，一個安置機構孩子寫給我的信，原因是因為她收到了我送給她我的新書，而我送書給她的原因則是因為她回答了一個讓我覺得很滿意的答案。

事情是發生在 2019 年 3 月某天，當天是一個安置機構課業輔導的始業式，我很榮幸的被邀請擔任嘉賓，最後結束前我有一段時間可以跟參加課業輔導的同學說說話。當天安置機構邀請離院的學姊回來分享參加博幼基金會針對安置機構學童設計的「添翼計畫」，過程當中的辛苦歷程與點滴，也分享過程中艱辛的求學道路，同時更分享了在大學的精采生活。

面對同樣是被法院強制安置的學妹們，我看到分享的學姊用一種圈外人無法理解與模仿的共同語言跟學妹們產生共鳴，這樣的共鳴之下讓我看到生命的韌性，一種不願意放棄與永遠不服輸的韌性，其中最精采的就是這位學姊分享如何準備考大學了，考大學前的三個月，她的模擬考只考 200 多分，她問學校老師自己是否有機會考上台北的一所並不高分的私立大學，因為她的男朋友在台北，希望可以到台北與男友相聚，而老師很斬釘截鐵地跟她說：「你不可能考得上○○大學的！」眼神與口氣充滿鄙視與輕蔑，就是因為這樣的鄙視與輕蔑反而激起了這位學姊的叛逆心態，雖然這位學姊一直都很叛逆，但是叛逆用在對的地方其實也是好事。

　　這位學姊首先思考想要讀好書就應該去了解成績好的人如何讀書，於是她就找了班上成績最好的同學詢問讀書的方法，不得不承認這是正確而重要的第一步，真心求助，虛心受教，跟著成

績好的同學一起讀書，同時為了讓自己沒有退路，她竟然將唸過而且已經記得的課本一頁一頁撕掉並且燒掉，破釜沉舟的精神完全展現，三個月只有一件重要的事情，那就是讀書獲取好成績，考上好學校。結果經過沒日沒夜讀書的三個月之後她考了600多分，考上了國立科技大學的餐旅系，跌破所有人的眼鏡。這當中我看到了人性當中的不服輸與叛逆，而這些特質在這些弱勢的孩子身上更是完全不缺乏，只是這些特質是否用到了對的地方而已，所以當多數人都害怕孩子的叛逆性格與不認輸的個性時，我們是否更應該想一想如何引導這些特質到正確的方向反而比較重要。

其實原本我不知道我最後要跟同學說說話的，因此根本沒有準備，但是聽到這麼精彩的分享之後，我也想到了最後該如何做總結。我想既然叛逆是這些同學大多數都有的特質，那麼為何我要躲避這項特質呢？因為我也是一個叛逆的

人，我就告訴所有同學：「人生最厲害的事情就是當別人都說你做不到，但是你不相信，你努力，最後你做到了，你讓說你做不到人承認自己看走眼了。當然，前提是好的事情，而不是不好的事情。」

因此，當別人認為你做不到的時候，你更應該告訴自己為什麼要讓別人來決定你能不能做得到，應該是要你自己決定才對。同時，過去發生的事情不管當時帶給我們的是喜、是怒、是哀、是樂、是痛苦還是恐懼，都已經無法改變，但是卻有一個孩子答出了：「但我們可以靠著自己的能力重新去定義這些經驗帶給我們的影響。」於是她在兩週後收到了我的新書。

而她在給我的信中最後寫道：「72％的巧克力代表甚麼意義呢？代表了在苦的當中還是有甜的地方。」看著這句話我陷入沉思，沉思著在人生當中就是因為有超過一半的苦，所以當甜的部分即使只有28％，卻更讓人覺得格外珍惜與彌

足珍貴，而甜的味道是透過苦的襯托，所以才能完全顯現。雖然她的成長過程充滿挫折與艱辛，但是她依然選擇努力地與命運拼搏，展現出強大的復原力，雖然被法院裁定安置，但是卻沒有選擇自我放棄，因為她決定要努力好好讀書，爭取參加添翼計畫，因為她要跟到機構分享的學姊一樣念大學，因為她希望將來可以成為一名社會工作者。

21 IP

　　2019.07.01 我參加了一個安置機構的課業輔導結業式，結業式的主題是「少女的 IP 學習歷程」，而「IP」是甚麼意思呢？

　　在所有人的眼中，這是一群 12 ～ 18 歲的叛逆少女，因為違反法律而被強制安置在機構當中。當我第一次見到這些少女時，確實對於她們的高度社會化與直接有些招架不住，看著部分少女手上的刺青更是讓我感到不捨，我心裡想著的是：「是甚麼樣的家庭與環境讓少女必須被強迫長大，是甚麼樣的痛苦與經歷讓少女選擇在身上留下印記；說著不符合年齡的話語、做著不符合年齡的事情，而她們究竟在違反法律之前還有多少選擇呢？」

2018 年我有幾次與這些少女一起上團體的機會，透過團體的活動慢慢了解少女們的背景與對未來的憧憬與想像，有一次我仿效之前在網路上看到的一項活動，請少女們列出她們最在乎的五個人，之後從最不重要的人一個一個刪除，很快的就聽到少女們無法取捨的哀嚎，越到最後越多人哀嚎，也聽到了不少人覺得我太殘忍了，為何要她們做這麼痛苦的事情呢？這個過程中我看到每個少女都皺著眉頭不停的思考著究竟要刪掉誰，要留下誰。少女們的反應與行為就是 12 ～ 18 歲的年紀該有的表現。我放眼望去，看見的不再是一個個身上長滿尖刺的刺蝟少女，不再是偽裝不屑一顧的眼神，不再是漫不經心的態度。我看到的是一群卸下武裝且受傷的折翼少女，充滿無助與無奈，顯露出脆弱的一面，因為少女們正在面對自己最真實且殘忍的生命，此刻的少女已經無法再繼續偽裝堅強了。

　　最後，我請每位少女上台告訴大家自己最重

要的人是誰，對自己如何重要，還有對自己的期望是甚麼。少女們一個一個上台分享。聽完30幾位少女的述說之後，我沉默了一段時間，沉默的原因是內容讓我太震驚了，震驚的是我幾乎沒有聽到任何一位父母親是這些少女最重要的人，最多人提到的是祖母、伯父、叔叔及姑姑這四個角色。講到最重要的人對少女的期待時，很多少女都忍不住流下眼淚，這眼淚有最重要的人已經過世的悲傷、來不及做到對方期待的扼腕、有自己誤入歧途的懊悔、也有想要達到最重要的人期待的誓言……等。

這樣的結果讓我的心情久久無法平復，讓我無法想像與理解，這些少女究竟是如何走過來的，如何長大的，這時我再看向這些少女時，我的眼中多了一份尊敬與心疼，尊敬的是這些少女歷經了悲慘的生命經驗之後，依然努力的在社會邊緣拚命掙扎，還沒有完全放棄自我，換作是我，我不認為我做得到；心疼的是少女們最重要

的人當中竟然完全沒有父母，這對一個小孩來說是一件多麼殘忍的事情啊！換作是我，我一定會崩潰的。

　　而一年之後，當我參加這些少女的課業輔導結業式時，她們展現經過一學期的努力而學會的美國已故總統甘迺迪的就職演說時，我的腦海中還想起半年前當我告訴一位育幼院的院長夫人，我們打算派專職英文與數學老師進到這所安置機構幫這些誤入歧途的少女上英文數學時，這位院長夫人說他不相信會有 20 位少女報名參加課業輔導，這是不可能的事情，而最後這個收容 35 位少女的安置機構參加的少女總共有 35 位，其中還包含一位從越南來投靠母親，不會說中文卻被強迫從事性交易的越南少女。而那個當下我終於明白了「IP」的意思，「少女的 IP 學習歷程」就是「少女從 Impossible（不可能）到 Possible（可能）的學習歷程」，您猜出來了嗎？

第 三 章

中國參訪的
發現與差異

2018 年因緣際會參加了中華組織發展協會舉辦的兩岸 NPO 組織交流活動而第一次到中國大陸的上海與貴陽參訪與培訓，讓我見識到了不一樣的 NPO 發展與社會環境。2019 年 8 月則是到了雲南昆明與貴陽參訪與培訓，同年 10 月也再到貴陽一趟評估合作的可能性，後來雖然因為疫情爆發的緣故中斷了，但是相信疫情結束之後台灣的社會工作經驗依舊可以帶給中國大陸一些參考與啟發，同時也想記錄我到中國大陸看到的一些現象與狀況，也讓在台灣的同胞可以多了解一點點中國大陸 NPO 發展的狀況。

22 參訪

　　參訪，聽兩個小時的簡報就可以學會如何運作與陪伴了嗎？

　　2012 年開始出現了一群遠道而來的訪客前來參訪基金會課業輔導運作模式，這些訪客來自海峽對岸的中國大陸，促成這些組織來學習與交流的是「中華組織發展協會」，最初前來學習交流的團體是由北京的媒體所組成的參訪團，成員包含企業、公益組織和公益媒體，後來陸續也開始有各地從事教育相關的公益組織前來參與學習。

　　中華組織發展協會是由一群跨越台灣海峽兩岸社會中之企業、非營利組織、社會工作、與學術研究機構等實務工作者與學者共同於 2010 年

5 月正式成立的組織。其宗旨在促進各類組織之現代化、理性化、永續化及精緻化之發展，並善盡社會責任與發揮公益精神。而協會的目標則是希望結合各界不同的專業與資源，協助與促進各類組織間的合作與發展。

在與中華組織發展協會陸陸續續接待了許多參訪學習交流的團體之後，有次的聯繫參訪過程中，我忽然有個好奇，那就是這些團體在聽取基金會的簡報之後多數都覺得這樣的課業輔導服務很有系統，也很有效果，但是回到中國大陸之後他們真的有辦法參考博幼基金會的方法與模式在中國大陸實施嗎？即便在參訪學習過程中，成員都很認真的聽講、很認真的做筆記、很認真地收集書面資料與拍照，認真到連 PPT 都不放過，還有詢問相關問題，整個過程讓我感到何謂「求知若渴」，這樣的感受在台灣本土的參訪團體中很難得感受到的，可能是台灣的資源太豐富了，中國大陸的相關專業資源太缺乏的關係吧！但是

即使是如此，我並不認為他們帶著這些知識與資料回去之後，就能立即會操作課業輔導了，套一句俗語說：「事情不是我們所想得這麼簡單！」如果聽別人說兩個小時就可以把十幾年的工作經驗全部學會，那這些工作經驗也太粗淺與不值錢了吧！

果然在詢問之後跟我預想得差不多，因為任何社會科學的方法都無法像自然科學做實驗一樣，在同樣的條件與步驟操作下就會出現同樣的結果，這就是社會科學最迷人、也最有人性的地方，同樣的時間，同樣的問題，出現在不同的地方，用同樣的方法，結果經常是大不相同的，因此在台灣可行的操作方法放到中國大陸之後，如果不經過在地化修正微調，效果通常會大打折扣，甚至完全沒有效果都有可能的。

在我提出疑問之後，協會的秘書長吳佳霖就告訴我，其實協會每年都會組織台灣相關專業的團隊到中國大陸各地去參訪與輔導在地公益組

織，每次都會辦理一連串相關的教育訓練，協助中國大陸有心想從事公益活動的組織建構專業化，於是從 2018 年就開始先後幾次跟團到中國大陸的上海、貴州及雲南等地參訪與培訓，也看到不同社會環境底下弱勢者的不同面貌，而這些面貌也讓我反思了很多自己原本的價值觀念還需要有很多的修正，也讓我看到更多的需求與需要，也重新思考自己能做的事情其實還有更多。

　　在這幾次的參訪與教育訓練當中也看到完全不同的社會環境發展脈絡，任何有效的社會工作方法都必須對當地的人文與社會環境有一定程度的了解才有辦法設計出來，也才能更貼近當地的需求，因此後來基金會就希望可以選定一個區域或組織做長期的技術轉移與輔導，而經過幾次的實地訪視與拜訪一些機構之後，我們選定貴州作為主要協助輔導的第一站，而且剛好也碰到中國大陸正要推展「益童樂園」兒童課後照顧站，原本已經規劃好一些教育訓練課程卻因為 2020 年

新冠疫情爆發的關係而被迫中斷，期待在疫情過後可以延續協助輔導的計畫，讓更多的弱勢兒童能夠有藉由教育脫貧的機會。

最後，我認為台灣有經驗的社會工作者其實有機會可以去中國大陸看看，看看不一樣的弱勢者與不同的社會問題，可以擴大我們的心量與視野，對於自己的工作也會有一定的幫助，同時也可以協助一些有心想要從事公益活動的人增加專業能力，一舉數得，何樂而不為呢？

23 優勢

在社會工作上，你認為台灣與中國大陸各自的優勢是甚麼呢？

2018 年暑假，我跟著中華組織發展協會參加「兩岸 NPO 組織專業管理與領導學術暨實務交流計畫」到上海與貴州兩地進行交流與參訪。

離開上海之後，我前往貴州，在貴州南江展開 3 天的「公益組織專業與領導工作坊」。南江是個風景秀麗的風景區，站在峽谷中看著四周聳立的高山，立刻讓我想起金庸武俠小說的封面，果然是一個適合練功的好地方，難怪工作坊選在這個遠離都市的風景區，可以完全不被打擾。

中國社會工作者，有著奉獻的熱情

在幾天的工作坊中，我看到了中國大陸的公益組織從業人員多數不具社會工作背景，但是對於社會工作與公益服務卻極有熱情，願意犧牲奉獻的精神令人感動、佩服。

在每一場工作坊的課程，我明顯感受到學員的專注力，他們也對於台灣的社會工作高度感興趣。我自認無法有如此義無反顧的犧牲精神，這正是中國大陸發展社會工作與公益服務的優勢。

台灣的社會工作還領先貴州一大段距離，不過，身為一個社會工作者，我期望所有社會工作者都能化被動為主動。

另一方面，「主動積極」是目前中國大陸的優勢，但是優勢之中依然帶著隱憂。

只求公式、不問脈絡的隱憂

我感受到最大的隱憂就是，彼方夾帶著經濟發展的優勢，普遍有一種「凡事皆可用金錢購

買」的心態，大量學習、複製別人的經驗與方法。

　　課程中就有一位學員明白地要我告訴他實務方法，他認爲不需要釐清理念和脈絡，只要複製別人的經驗，就可以把服務做好。對他而言，公益服務與社會工作就像是化學實驗，只要照著標準流程做，就可以得到相同的結果。

　　後來，我設法讓他明白社會科學（社會工作）與自然科學（化學實驗）是截然不同的。如果無法內化自己的社會工作方法，不僅不能解決問題，更無法處理持續變化的社會環境與個案。

　　社會工作的專業在於細膩、專業的評估與判斷，同時找到合適的解決方法。我告訴學員們，如果你們沒有去揣摩「如何看待問題與評估個案」，那麼就不具備創造方法的能力，沒有創造方法的能力，就不可能因應新的社會環境與個案問題，即使學得再多的方法也不可能夠用。

創造力，是台灣的領先優勢

台灣社會工作者的優勢是具備創造方法的能力，這是在面對全球化與中國崛起的重要資產，也是台灣社會工作本土化 30 年來大家一起辛苦累積的成果，這個成果得來不易，也不容易被取代超越。

最後，我告訴學員，當我在教完你們第 100 個方法之後，我還是有能力想出第 101 個方法，而你們若只是學習我的方法，你是不可能想出第 101 個方法的。

了解自己的優勢、明白別人的積極，讓我們更清楚下一步該往哪個方向走。

24 語言

　　如果，來自北京、上海等都市的漢族「新住民」搬到少數民族的舊社區半年，猜猜看，有多少漢族新住民能開口說出簡單的少數民族語言呢？

　　2019 年 8 月，我參加由中華組織發展協會舉辦的「兩岸社會創新與社區營造交流計畫」，期間參訪一個位於昆明市約 30 公里的少數民族社區。這裡的居民大量外移到都市，人口不斷減少，連小學都被廢校了；但是因為風景秀麗，空氣清新，遠離都市塵囂，距離昆明市又只有半小時的車程，反而開始吸引很多從事社會公益活動與觀光的外地人，也有些人萌生了移居此地的想法。

說漢語很方便，為什麼還要學當地方言？

這裡的社區工作者希望能保留當地少數民族的文化傳統，但是卻在努力的過程中遭遇諸多困難。例如語言的消失危機，當地社區彝族的小孩對於由祖父母輩教導母語的課程興趣缺缺，小孩也會質疑：現在大家都說普通話了，為何還要學彝族語言？更何況平常也很少使用，為什麼不直接學普通話就好？

我們同團的新北市五股區更新社區發展協會洪禮琮理事長提出建議，語言文化傳承比較好的方式，是由老一輩教導青壯的一代，再由青壯的一代教導兒童。因為當年齡差距過大時，生活經驗與認知的差異也會加大，因此會增加溝通的難度，學習的效果會因此大打折扣，反而不如年齡差距較小的代間教導與學習。

我自己好奇的則是：這些外來的社區工作者，他們喜歡這裡的風景與文化，期待保留傳統，同時發展出當地的特色。但是，學習彝族語

言的應該只是彝族孩子而已嗎？還是住在這個彝族社區的人都應該至少有些基本溝通的彝語能力呢？於是我問了在場 7、8 位長住超過半年的漢人移民，有幾位至少會一些簡單的彝族話？結果跟我預期的一模一樣：在場沒有半個人舉手。

我的想法是，一個社區的文化與傳統，應該跟住在社區裡面的所有住民都有關係，而非只是跟原本的住民有關。畢竟，社區是大家共同的社區，社區的文化與傳統，也是所有住在社區裡的人共同的責任。每一位住在社區裡面的人，都應該了解社區的文化與傳統，也應該至少學習簡單的當地語言。如果新住民連當地社區的語言都不願意學習，那麼如何談保留當地文化與傳統呢？

共融的社區，不只是單方面的「保存」與「協助」

我向大家分享自己這次參訪的感想，我覺得這個社區風景很漂亮，空氣很清新，食物很健康

很好吃，但是離開之後，我能記得這個漂亮的地方多久？我要如何告訴別人我對這個社區的美好印象？我如何與這個地方產生聯結，讓我想再來一次？是靠這個地方清新的空氣？秀麗的風景？健康好吃的食物？我想這些都無法讓我產生再次到訪的理由，因為我對這個地方的文化、傳統、人文與脈絡都不清楚，所以我想我會很快的遺忘這個地方。

但是，如果我可以在一個下午的社區參訪中，簡單認識這個社區少數民族的重要文化，如重大祭典、特色食物、建築特色、服飾、生活習俗，甚至學幾句簡單的彝族語言，並因此獲得一點住宿折扣呢？那麼我會不會考慮留下來住一晚？我離開之後，又是否會更願意告訴我的朋友，關於這個社區或少數民族的文化特色？有了這些連結之後，我會不會更想再次到訪？這樣的社區工作對當地原居民和外地社區工作者來說，是否會更有成效？

我建議，新住民應該在入住社區一定時間（如半年）之後，進行融入社區的考核。考核內容可以是對當地文化的基本認識與了解，以及當地語言的基本能力。當新住民也開始學習彝族的語言，彝族孩子或許更可以逐漸發現本身語言的價值及美感，也可以引以為傲。甚至，也可以在社區實施當地語言與普通話輪流使用的策略，如週一、三、五社區內使用當地語言，周二、四、六社區內使用普通話，週日開放雙語，這樣不僅可以有效保留當地語言，同時更可以形成獨有的特色，讓當地語言與文化的保留更有系統性。

　　對於兒童教育的規劃安排上，也不妨融入彝族語言和文化的傳承，在新舊之間產生共融與發展，同時融合當地文化環境，以做為兒童教育的主要內容，補強學校教育對鄉土認識的不足。新舊住民的小孩都應該共同學習、共同認識當地的文化，學習認同當地的傳統，也同時認同自己、接受自己，最後才能接納別人，展現社會融合。

或許，這將是社區工作者與社區教育者所期待的
境界。

25 目的

「你們爲什麼要來貴陽幫我們呢？這樣做有什麼目的呢？」

2019 年 10 月是我第四次到貴陽，這次的到訪是評估幾個「益童樂園兒童站」是否可以跟博幼基金會合作「課業輔導模式」，因此我帶了外展的督導跟我一起去貴陽參訪與評估。

第一天到貴陽的酒店稍作休息之後，我跟外展的督導就開始了與將要評估的公益組織負責人孫大哥展開第一場討論會議，對於這次的到訪孫大哥其實感到很意外，對於我們的目的很感興趣，因爲孫大哥是一個 IT 公司的老闆，他很好奇我們願意協助他們建構課業輔導系統的用意是甚麼？是希望可以從中獲利？還是將來要在中國

大陸拓展服務建立據點？所以當我的回答是我們無法從中獲利，也根本沒有要在中國大陸拓展服務據點的打算時，他感到非常詫異與不解，他就說了下面這句話：「恕我問句不客氣的話，你們為什麼要來貴陽幫我們呢？這樣做有甚麼目的呢？」

我們的目的到底是什麼呢？不求名？不求利？很難讓人相信的目的，尤其在現在的中國大陸更是如此！但是，對我們來說沒有目的性的分享其實是像吃飯與呼吸一樣的自然，因為這本來就是我們一直在做的事情，正確地說是多數NPO組織都會做的事情。而會到貴陽只是因為與當地的公益組織在四年前曾經參加中華組織發展協會舉辦的兩岸公益組織交流活動而到本會參訪，當初接待的人剛好就是我，因此就跟幾位貴陽的公益組織負責人認識結緣。

而2018年我剛好也參加兩岸公益組織交流活動到貴州參訪與培訓，所以有機會看到貴州的

實際狀況，也看到許許多多需要協助的弱勢孩子，覺得或許有機會分享在台灣的社會工作與課業輔導經驗，同時當地的公益組織也很希望可以學習台灣的經驗，讓需要協助的弱勢孩子有機會可以獲得幫助。因為看到與感受到需求，所以基金會內部經過討論之後決定盡一己之力讓貴州的孩子也有機會參加課業輔導，所以我們決定將課業輔導技術轉移，就如同在台灣做的一樣。這件事情如果將來有機會促成的話，其中最重要的關鍵是當地的公益組織平台——貴陽眾益發展中心，以及助學會的協助與促成。

因為有機會到貴陽參訪，因為參訪看到需要幫助的弱勢孩子，因為博幼可以幫上忙，因為當地的公益組織看得起，所以我們就去了，如此的簡單與純粹，沒有複雜的想法與理由。就像很多記者都會問博幼基金會的董事長李家同為什麼要做弱勢兒童的課業輔導呢？為什麼要成立博幼基金會呢？而李校長的回答總是反問記者：「為什

麼不做呢？有什麼理由不做呢？難道這不是一件應該做的事情嗎？」

這讓我想到社會工作的專業訓練教導我，在我的眼中應該只有「需要幫助」與「不需要幫助」這兩種人的分別，不管這個人或這些人來自何方？身在何處？以前做過甚麼？以後會做甚麼？只要此時此刻需要幫助，而且我的能力所及，社會工作者都「應該」要協助。所以社會工作者不該評論一個人是好人還是壞人，也沒有好人還是壞人，更沒有值不值得幫助的人，只有需要幫助跟不需要幫助的人。雖然現在的我還很難做到，但是我還是會繼續朝著這個方向努力的。

所以，面對孫大哥的提問，我的回答應該是反問為什麼不做呢？有什麼理由不做呢？難道這不是一件應該做的事情嗎？只可惜，我的反應太慢，當時沒有馬上回覆這幾個問句，下次再見面時，我一定要記得回答這幾個問句！

26 保留

你會把自己的工作技巧與方法毫無「保留」的分享給別人嗎？

今天，我帶著外展的督導去拜訪機構，結束之後，她對我說：「副執，你今天應該有感受到我一直試著結束會議的話題吧！你不覺得你透漏太多我們的工作技巧與方法了嗎？這樣不是一下子就被別人學會了嗎？」

我想起前幾年念研究所時，也曾有這樣的想法，但是在與老師討論的過程中，老師給我一個啟發——「真正厲害的人不會擔心別人學會自己的技巧與方法，因為厲害的人可以不斷地創造技巧與方法。」同時老師還說：「如果無法將複雜的技巧與方法簡單化、系統化的教會別人，那麼

博幼的外展要如何快速且大量的拓展呢？任何的連鎖店都是將複雜的技巧與方法簡單化、系統化之後才能大量開分店，讓分店可以簡單快速的上手操作，這樣的技巧與方法才能大量複製，社會福利工作也是相同的道理。」

當時這段話給我的震撼相當大，因為我發現老師的層次跟我完全不同，我花了一段時間細細地思考這個概念的意義，同時在實務中慢慢地實踐這個概念。在實踐的過程中我開始慢慢理解老師說的概念，因為博幼基金會具備原創的能力，因此即使技巧與方法教會別的機構，依舊有能力再創造出新的技巧與方法，同時將操作方法簡單化、系統化之後，也讓課業輔導系統的操作難度降低，更容易上手，更有利於提升別的機構願意跟博幼基金會合作的意願。

另外，在沒有保留的與別人分享技巧與方法的過程中，自己反而可以在交流過程中加速創新的技巧與方法，讓自己受益更多，也讓自己的工

作經驗更加豐富。因爲人跟人之間的經驗交流總是容易擦出新的火花，產生新的想法與概念，因此在不斷地分享過程中並不是只有單方面的給予而已，也會得到更多反饋。就像個案的服務過程中，也不只是社會工作者單方面提供服務給個案而已，服務的過程是一個雙向的互惠過程，社會工作者與個案都在互相學習、互相成長、互相支持，如此才能形成一個善的循環，這才是一個健康的社會工作型態與樣貌。

後來我就告訴外展的督導，其實這幾年因爲毫無保留的分享自己的技巧與方法反而讓我更容易創造出新的技巧與方法，付出之後得到的更多，其實完全沒有吃虧，同時能讓大家一起共好，一起更好，而且社會工作最大的優點就是利益衝突很小，大家努力的目的不是爲了個人的私利，而是爲了讓個案的服務品質更好，雖然非常辛苦與很多挫折，但是和志同道合的夥伴一起爲個案努力，過程沒有勾心鬥角、沒有利益衝突和

虛偽，有的只有並肩作戰、攜手共進的革命情感。

　　套一句在社工界常常聽到的非洲諺語：「一個人走得快，一群人走得遠。」所以，我選擇毫無保留的把自己的工作技巧與方法分享給別人，那您的選擇呢？

27 蘆笙

　　當你看完少數民族學生的蘆笙演奏之後你的回應是什麼？

　　前一陣子我到貴陽外圍的一個苗族的村寨去參訪兒童站，這個村寨距離貴陽市中心只有 60 公里左右，但開車卻需要將近 2 個小時才能到達，因爲多數都是狹小的山路，一趟回程就有三、四次的會車需要倒車才行，就在層層巒山的深谷中存在者幾個小村寨，在哪裡我第一次親眼看到馬在田中央吃草，當時恰好是一年只有一穫的稻子剛剛收割不久，旁邊還可以靠到成堆的稻草，走在樹林旁的小徑還可以看到一窩窩母雞帶著小雞四處覓食，看到這樣的景色讓我忍不住拿出手機拍照。

在村落的深處一幢老舊的四合院中，我們拜訪的是村裡唯一碩果僅存會製作蘆笙的老人，因為這項傳統技藝在當地已經很多年都沒有受到重視，慢慢地被遺忘了，年輕人甚至都不會吹蘆笙了。這一年多來因為兒童站的設立，開始將蘆笙這項傳統技藝教授給小朋友，慢慢地越來越多小朋友開始學會吹奏蘆笙，還成立了蘆笙樂隊，也開始在重大節慶表演了，也讓這項傳統的技藝不至於很快的失傳了。而在參觀製作蘆笙的場所時發現製作的方式與材料依舊遵循古老的方法，手工精巧讓人嘆為觀止，一把結構複雜的蘆笙純收工製作完成需要耗時一週的時間，當看到內部複雜的結構時對於古人的智慧讚嘆不已！

回到兒童站之後，看到小朋友井然有序地進到大教室安靜的坐在桌子前寫作業，每位孩子都跟兒童站的負責人花花老師親切的打招呼，互動熱絡，關係密切，因為花花老師以前就是幼兒園的老師，也是當地人，因此跟孩子都非常熟悉與

親切，也把孩子教得很好，孩子們認眞寫作業的模樣讓我覺得其實孩子都是喜歡讀書的，只要提供合適的場地，找到合適的老師，就會有一群願意讀書的孩子。

唯一美中不足的就是孩子太多，每天到兒童站寫作業的學生超過 30 位，老師根本沒有足夠的時間與方法指導所有的孩子，所以孩子的課業能力很難提升，只有少數聰明的孩子可以獨力完成學校的各項作業，但是顯然還是有很多孩子需要有系統的協助提升學業成就，因爲花花老師知道光是寫作業是不太會進步的，所以很希望能夠參考博幼基金會的課輔系統，眞正讓所有孩子都能進步，這個目標其實也是我們到訪這個苗族村寨兒童站的理由，雖然促成這件事情還有很多很多困難需要排除，但是我們都知道這是一條值得走的辛苦路，因爲花花老師也希望看到孩子的學業成就可以更好，將來才會有更多選擇機會。

臨走前花花老師說孩子要演奏一段蘆笙幫我

們送行，這時外展督導與我其實都面有難色，因為我們其實不太習慣這樣的場合，但是看到花花老師與孩子熱情而真誠的神情，外展督導就看著我用詢問的表情示意到底該不該拒絕，而我一向是一個不太好意思拒絕別人好意的人，因此我就開始思考如何應對，想了 5 秒之後我就靈光一閃地想到一個不錯的方法。您可以猜猜看我的方法是什麼？

順著別人的脈絡來思考與解決問題是我在研究所進修時老師一而再，再而三地提醒的思考模式，既然對於孩子的表演，拒絕太沒禮貌與失禮，那麼我就應該順著蘆笙表演的的脈絡去思考蘆笙演奏與製作對當地與孩子是否有可能激盪出另外一種意義，於是我在觀看演奏的同時腦中就思考著我該回饋些什麼給這些小朋友，演奏結束之後我問了小朋友幾個問題，第一個問題是蘆笙可以發出幾個音呢？蘆笙這個樂器的結構原理是什麼呢？發音的原理是什麼呢？蘆笙有六個孔，

有幾種排列組合呢？……等一連串的問題，孩子跟花花老師一個都答不出來，這樣的結果我一點也不意外，因爲我也一個都答不出來，但是我會問問題，我期待孩子可以去尋找答案，更深一層的去理解自己文化當中的內涵，也去了解前人的智慧，而後再將這些智慧不斷改進與發揚光大。

我跟孩子分享，我是一個漢人，第一次到他們的村寨，我想更深一層了解這個村在地文化與傳統，我也想了解蘆笙，了解蘆笙的原理與功能，這樣我會更容易了解苗族的文化，而我認爲那裏的孩子絕對有機會與能力了解這些，所以我問了這些問題，希望孩子對於追求科學與知識可以跟傳統文化與技藝結合，這才是傳統文化與技藝的完美結合與出路。

或許有更好的回饋方法，但是原諒我一個門外漢只有 5 分鐘的思考時間，但是我的問題的確引起孩子對於蘆笙的好奇與討論，我相信這些孩子會有意識地去瞭解蘆笙的原理與結構，也許會

有孩子因此對科學與數學產生興趣，這樣的話，我的回饋是否就會顯得有意義呢？我是不是一個合格的觀眾呢？

28 濕涼

一趟秋天貴陽行，濕涼的是天氣嗎？

2019 年的 10 月下旬，台灣雖然已經脫離酷熱的 35℃高溫，進入了早晚微涼的秋高氣爽，但是路上的行人依舊穿著短袖，長袖與外套甚至都還沒意識到要從紙箱中翻找出來呢！然而，當飛機飛行了將近三小時之後，降落在 1500KM 外、平均溫度只有 15℃的貴陽市時，我卻感受著截然不同的秋天，那裏的秋天沒有秋高氣爽，有的卻是濕涼的淒風苦雨啊！

貴陽市有四百萬的人口，其中約有一百萬的外來人口，這些外來人口多數被稱爲農民工，同時也有著約十萬農民工子女。這些農民工多數都是從貴州更鄉下的地方到貴陽市工作，由於多數

都是從事低階的勞力工作，因此居住的地區都在市區外圍租金低廉的區域，漸漸地就形成農民工群聚的狀況，只能負擔低廉的租金租簡陋與破舊的居住環境，在沒有選擇的情況之下只能向現實妥協了，漸漸形成很多與高樓大廈極度不協調的「城中村」現象，明明只是隔著一條街，兩邊卻是完全不同的兩個極端，一邊是百貨公司的大樓，另一邊卻是破舊的貧民區。

農民工因為戶籍不在當地，因此他們的小孩絕大多數都無法進入當地的公立小學（國小）與初中（國中）就讀，但是因為這些農民工子女也需要有學校就讀，因此就有很多私人辦學的「民辦學校」成立，光是貴陽市就有 200 多所民辦學校，這些民辦學校的成立就是為了讓這些農民工子女就讀，因此也多是設立在農民工家庭聚集的貴陽市外圍，學校的經費來自學生的學費，但是學費其實不高，一學期大約 1200 ～ 1800 元人民幣，因此多數民辦學校的場地空間都非常狹小，

一個班級的學生也都相當多，這次我參訪一個中型的民辦學校，全校約 700 多人，有的班級人數超過了 70 個學生，最少的班級也超過 50 個學生，學生的桌椅都排到門口了，更可怕的是操場大概只有 100 坪不到，上體育課沿著學校圍牆跑一圈大概只有 50 公尺，而且多數的民辦學校的操場根本無法容納所有的學生一起集合，如果沒有親眼看到我真的無法想像。

走在民辦學校旁的社區當中，我看到不管豔陽天或下雨天，永遠都是潮濕的路面，流著各式各樣的廢水，空氣中瀰漫著各種不同的氣味，只有辣椒的氣味讓人熟悉，其他多數的氣味都讓我陌生與害怕，加快腳步不敢逗留。社區當中有著各種工廠，多數是家具工廠，我在街道旁第一次看到小型煤礦加工廠，這是生長在台灣的我沒有看過的場景，兩旁的房屋大多簡陋破舊，甚至有窗戶是用帆布遮蓋，外牆幾乎都是磚塊裸露，而裡面卻是住著一個個農民工的家庭，我無法想像

他們過著什麼樣的生活，因為我離他們的生活太遠了，遠到我不敢知道，遠到我害怕知道。

在這樣的環境下，我覺得我很渺小，我甚至懷疑自己的能力是否能幫助到這些家庭與孩子，可是我更清楚如果沒有人協助，這樣的狀況即使我沒看到，它依舊每天在各個角落持續著，所以雖然心裡害怕與感到傷心，但是社會工作的專業告訴我，在別人的需要之中看到自己的責任，依舊驅使著我無畏的前進。這時，我的腦中突然靈光一閃地出現一句話：「如果害怕黑暗，就讓自己成為太陽吧！」

那一段時間我感到濕涼的不僅僅是天氣，弱勢者的所處的環境更是讓我懷疑寒冬是否早已來臨，抑或是從未離開！但專業的訓練卻讓當時的我心中燃起熊熊的火焰，準備一起對抗即將迎面而來的漫長寒冬，您願意跟我一起對抗嗎？

29 小希

會偷竊的小希長大後適合做甚麼工作？

在貴州南江風景區除了三天密集地幫貴州當地公益組織一線的工作人員教育訓練之外，中途還有一個小插曲，第二天中午吃飯的時候，正當我看著每一道都有辣椒的合菜，正不知該如何下手的時候，我的身邊來了一個 11 ～ 12 歲左右小男孩，這個小孩理著很短的平頭，臉上有著鄉下貧窮小孩才有的「風痕」，這種風痕就是臉上有著像被強風刮過的痕跡，而這種風痕我在台灣已經很少看見了，我一看到這樣的風痕我就知道這個孩子有很多故事。在看到帶他來吃飯的老師（教育訓練的學員）時，我就知道他是誰了，他就是可可老師跟我提過讓她非常頭痛的小希，可

可私下小聲地跟我說因為小希沒有地方去，所以她就只好把他帶在身邊。

因為小希是個孤兒，父親很早就過世，媽媽已經改嫁了，因此小希經常輪流居住在親戚家裡，過著有一餐沒一餐、寄人籬下的生活，因此他的狀況很多，不僅會逃學、打架、還會偷竊……等，而他是可可老師助學的個案，因此在教育訓練中可可老師也向其他老師詢問如何協助小希的方法，而我只是剛好在旁邊有聽到可可老師在敘述小希的狀況，不過我不是刻意偷聽，只是剛好我可以一邊做我的事情一邊聽小希的狀況而已，這就是注意力不太集中的優勢，我們可以同時處理兩種以上的訊息，哈哈哈哈哈！後來發現注意不集中其實也有很多好處的。

小希剛好坐在我旁邊，並不認識我，但是我第一句話就對他說：「你叫小希對不對？」小希嚇了一跳！瞪大眼睛看著我，但是旁邊的可可老師眼睛瞪更大，因為她根本沒有跟我提過小希，

也還不太認識我，因為當天下午才有我的課，沒想到我居然可以猜出這個小孩是小希，這個人實在太可怕了，難道會通靈嗎？這大概是當時可可老師內心的 OS 吧！我笑笑的和小希聊天，我問他：「多少歲？」他回答說：「11 歲」，我又問他：「長大後要做什麼？」他回答的是標準答案：「不知道！」，這樣的回答完全在我預料當中，於是我開始分析小希的特質給他聽：「我覺得你看起來瘦瘦的身材卻手長腳長，可見得手腳應該很靈活，同時你的眼神很銳利，從上桌之後就開始觀察桌上的每一個人，可見得你的察言觀色的能力很不錯，這是非常好的特質與優點。」

　　我說的都是我的觀察，而且既然小希偷竊過，當然有一定的察言觀色的能力，否則一定連小偷都當不好，同時手腳不靈活是無法勝任小偷的工作的，因為小偷要翻牆、鑽窗戶，還要跑給別人追，你說手腳不靈活可以嗎？像我身材微胖就無法勝任這樣的挑戰。另外小偷不會察言觀色

可以嗎？當然眼神要很銳利，一有風吹草動就要及時反應，否則一定每次都被逮到的。可是這兩個能力用在偷竊上聽起來就不像是好的能力，所以怎麼能說這些能力是優點呢？這是很多人容易卡住的地方，這也是多數協助者在協助個案時很容易出現的盲點，這個盲點就是無法正確客觀地去看待個案的特質，無法正確客觀地看待特質就無法將原本用在錯誤地方的特質改用在正確的地方。無法認知到特質並無好壞之分，只有是否用在正確的地方而已，使用在正確的地方就會被認為是好的特質，使用在錯誤的地方就會被認為是壞的特質。

於是我就跟小希分析他的兩項特質可以用在哪些正向的工作上，哪些工作是需要手腳靈活、快速反應、眼神銳利、察言觀色這些特質的呢？答案當然就呼之欲出了，比如警察跟軍人是不是就需要這些特質與能力呢？我想大部分的人都是可以認同的，因為員警、軍人和小偷所需特質其

實是差不多的。特質沒有好壞，用在對的地方就是對的，用在錯的地方就是錯的，他的這些能力如果用得好他就可以當員警和軍人，但是如果用在不好的地方就是小偷和強盜。那個孩子已經是小偷了，你告訴他不要當小偷就沒事了嗎？這是我們一般人天真的想法，但是這是完全沒有效果的，你要告訴他的是，他的這些特質應該用在什麼地方是正向的，同時要教他與協助他如何用在正確的地方，這樣才可能有效果。

另外有一個詞叫「集體催眠」，比如我對一個學生說：「你真的觀察力太好了，別的同學跟老師都沒有發現的細微變化你都發現了，你這個能力真的很適合去當鑑識科的警官。」我講一遍他可能不信，但是他身邊的大人每人都講一遍，十遍以後這個孩子就開始懷疑了他是否是真的觀察力太好了。但是一定要講真的才行，他就會獲得正增強，同時也會開始思考將鑑識科的警官當作目標。這樣才能引起孩子努力的動機，尤其是

那些有很多缺點或問題的孩子，這樣的方法更重要。因為對孩子來說，人生目標很重要，我們需要的是觀察發現孩子有什麼特質與能力，然後去協助孩子將這些特質與能力連結在正向的目標上，告訴他以後可以做什麼。

於是我就告訴小希：「其實你這些特質很適合當警察或軍人耶！我相信如果你當警察或軍人一定可以非常出色的！」結果他嚇一大跳，連忙搖手說：「不要！不要！我不可能當警察的！我很怕警察的！」但是我再分析了一下當警察所需的特質之後，他開始有點動搖了，因為他發現警察需要的幾項特質當中有幾項是他本來就具備的，而且還很不錯，而欠缺的條件是基本能力不好，但是這是有機會克服的，好好讀書就可以把基本能力培養起來，同時對於法治的觀念與是非觀念也可以慢慢培養與具備，再加上警察的待遇也不錯，社會地位也高，為了更好的工資待遇，我們拼了好不好，可可老師來給你補功課，這樣

你將來就有機會可以當警察了，要不要試試看呢？

如果你是小希，你要不要試試看呢？

其實還有一個理由我沒有告訴小希，這個理由就是當過小偷的人當警察時，其實是更有優勢的，這個道理看過「神鬼交鋒」這部電影的人就知道了。

30 冰棒

　　如果有弱勢的小朋友請你吃冰棒，你吃的是甚麼？

　　前幾天我到貴州黔東南苗族侗族自治州的一個偏遠地區「益童樂園兒童站」參訪，我遇到一個很特殊的男孩──小歲，小歲來自附近少數民族的大寨村，每天走路 20 分鐘到兒童站，兒童站位於新的社區當中，而這個社區是為了安置更偏遠的少數民族所興建的。他瘦小的身上穿著比其他小孩舊的衣服，衣服很髒，頭髮很長且些許凌亂，臉上布滿不合年齡的風霜，脖子上還有一道約 10 公分，但已經結痂的傷痕，但是最讓人意外與驚喜的是那雙充滿警戒與銳利的眼神。讓人看了不禁思考這個 12 歲卻只念二年級的孩子

究竟過著甚麼生活？經歷過甚麼我們難以想像的日子。

　　一開始是帶我參訪的小宋在跟小歲聊天，一個段落之後小宋就跟我及兩位社工實習生（將在兒童站實習三個月，當天我們四人一起到兒童站）簡短說明小歲有一些跟其他小孩不同之處，有一些特殊的行為，比較需要關注，而在說話的同時我發現小歲非常在意我們的私下談話，充滿警戒，很想知道我們談話的內容，於是我大概心裡就有數了。

　　在一番談話之後，好不容易跟防衛心很強的小歲開始建立關係，一開始對於我釋出的善意油鹽不進，一度令我這個個案高手感到棋逢對手，所幸在不斷變化與修正的方法之後，終於突破這個 12 歲小男孩的心房，順利建立關係。我就思考著如何幫助社工實習生與小歲建立關係，因為我當天下午就要離開，距離離開只有 2 個小時的時間，所以時間很緊迫，而實習生有三個月的時

間可以跟小歲相處，如果這三個月好好陪伴與協助小歲，我想對小歲的狀況應該會有所幫助。

經過一番思索之後我決定賦予小歲責任，因為我發現只有在請小歲幫忙的時候他才比較不會拒絕，他一開始拒絕所有別人的好意，即使下午兩點還餓著肚子，依舊不願意接受我送給她的紅桃，但是卻很願意幫忙洗紅桃，最後在每個人都吃一顆紅桃的情況下他才勉強跟我們一起吃。這時我就大膽的猜測如果賦予小歲照顧與幫忙別人的任務，或許會是一個不錯的方法，於是我就請小歲幫忙帶我們到鎮上去買漢堡跟炸雞，因為小歲中午沒有吃飯（這個問題前前後後問了將近20分鐘他才坦承中午沒吃飯），而我們等一下要坐兩個小時的車回城裡住一晚，因此需要吃點東西，所以就請小歲帶路。

途中經過一個雜貨店時，小歲就一個人衝進去，一分鐘之後就帶著 5 支冰棒分給每人一支，他說他請老師們吃冰棒，正當實習生猶豫要不要

讓他請客時，我首先欣然接受的接過小歲的冰棒，然後跟實習生說讓他請客吧！這是小歲的心意，他把我們當朋友了，我們不該不領情，這也是小歲做得到的，我們不該剝奪他平等交朋友的機會。於是我就拿出我此次中國大陸行帶的最後一本我寫的書《尋味——你沒有走過的社工路》送給我的朋友——小歲。臨走前我將照顧兩位實習生生活的任務交代給小歲，小歲接到任務時愣了一下，但是三秒之後卻沒有一絲猶豫與遲疑，充滿信心的答應下來，不知是因爲自己能夠被賦予責任感到訝異還是驚喜，我看到小歲的眼中看到的是充滿自信的眼神，已經不再是充滿警戒與銳利的眼神了。

我從小到大經常接受別人的請客，我一向不太喜歡拒絕別人的好意，我也喜歡朋友之間禮尚往來的請客，但是，在一個從沒去過的少數民族自治州，碰到一個認識不到 4 小時的 12 歲小男孩，我吃著他請的橘子冰棒，嘴裡冰冰酸酸的，

心裡卻暖暖甜甜的，這是我吃過最有意思的冰棒了，我吃的是友情的冰棒，也是永遠難忘被請客的經驗與記憶。

國家圖書館出版品預行編目 (CIP) 資料

添翼：培力與轉變的社工路 / 吳文炎著.
—— 初版 . —— 臺中市：晨星，2021.11
面；公分

ISBN 978-626-320-005-0（平裝）

1. 社會工作

547   110016772

添翼
培力與轉變的社工路

作者	吳文炎
	a0921183608@yahoo.com.tw

創辦人	陳銘民
發行所	晨星出版有限公司
	台中市 407 西屯區工業三十路 1 號
	TEL:(04)23595820　FAX:(04)23550581
	http：//www.morningstar.com.tw
	行政院新聞局局版臺業字第 2500 號
法律顧問	陳思成律師

讀者服務專線	TEL:(02)23672044 / (04)23595819#230
讀者傳真專線	FAX:(02)23635741 / (04)23595493
讀者專用信箱	service@morningstar.com.tw
網路書店	http://www.morningstar.com.tw
郵政劃撥	15060393（知己圖書股份有限公司）
印刷	上好印刷股份有限公司

初版一刷	西元 2021 年 11 月
定價	280 元
ISBN	978-626-320-005-0

火火專欄

博幼網站

博幼 FB